# Page De Test Des Couleurs

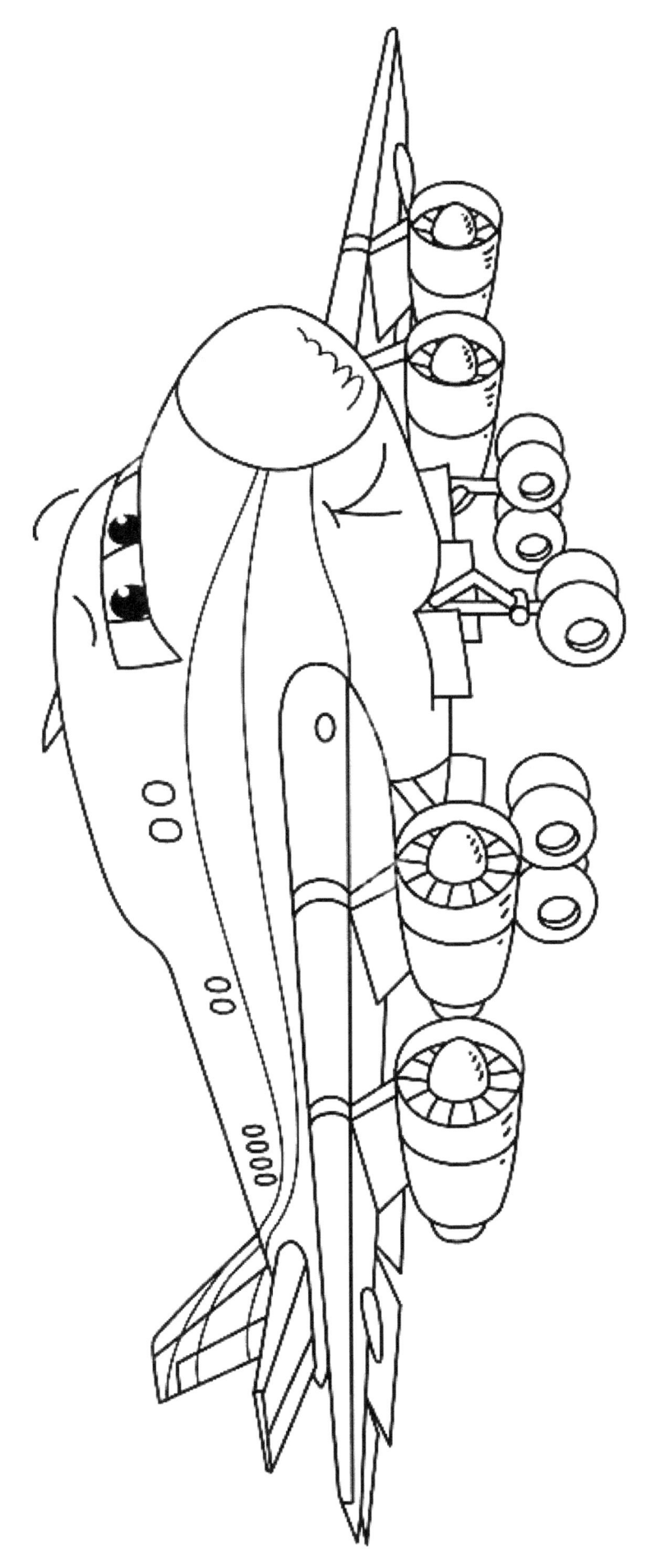

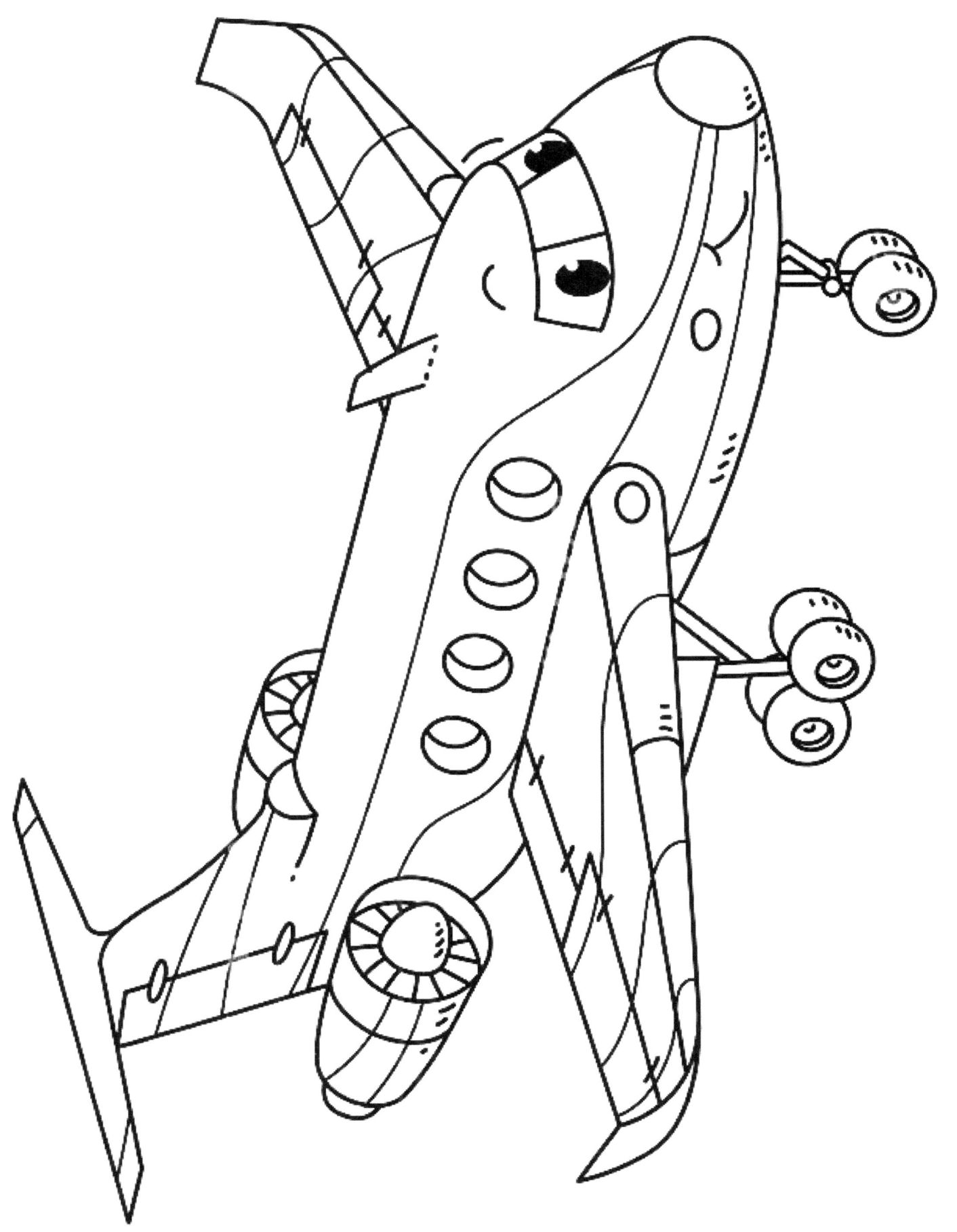

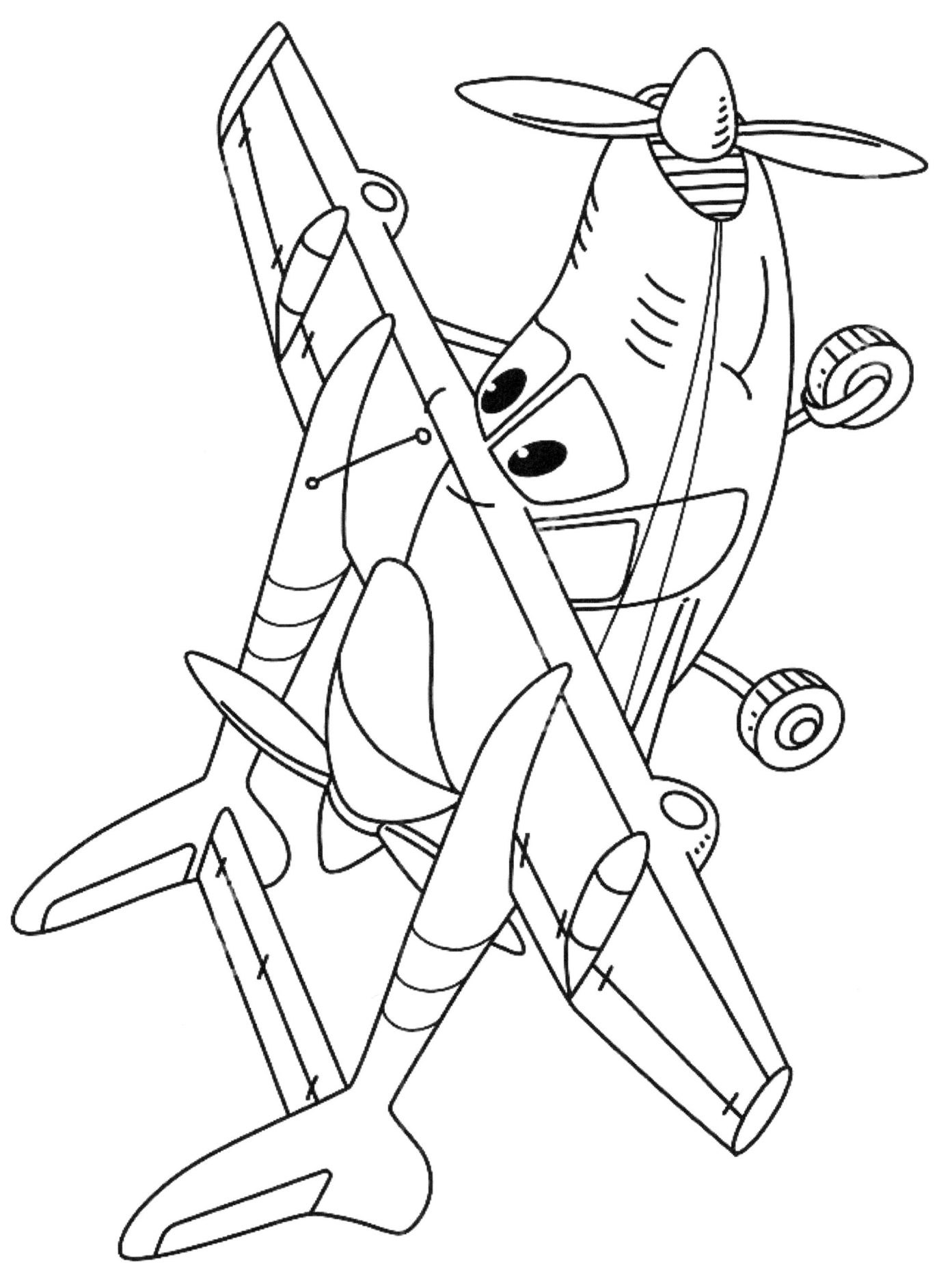

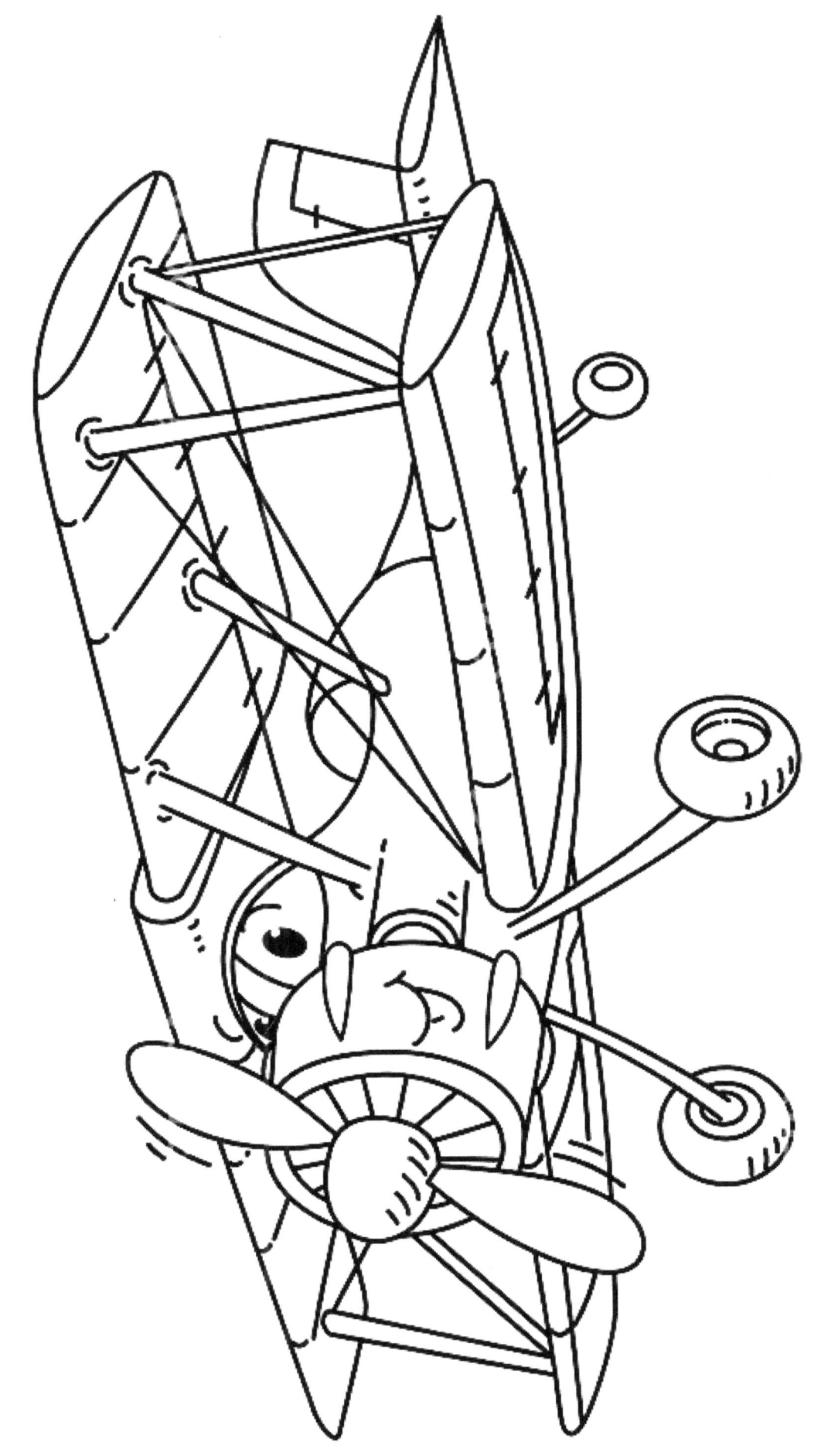

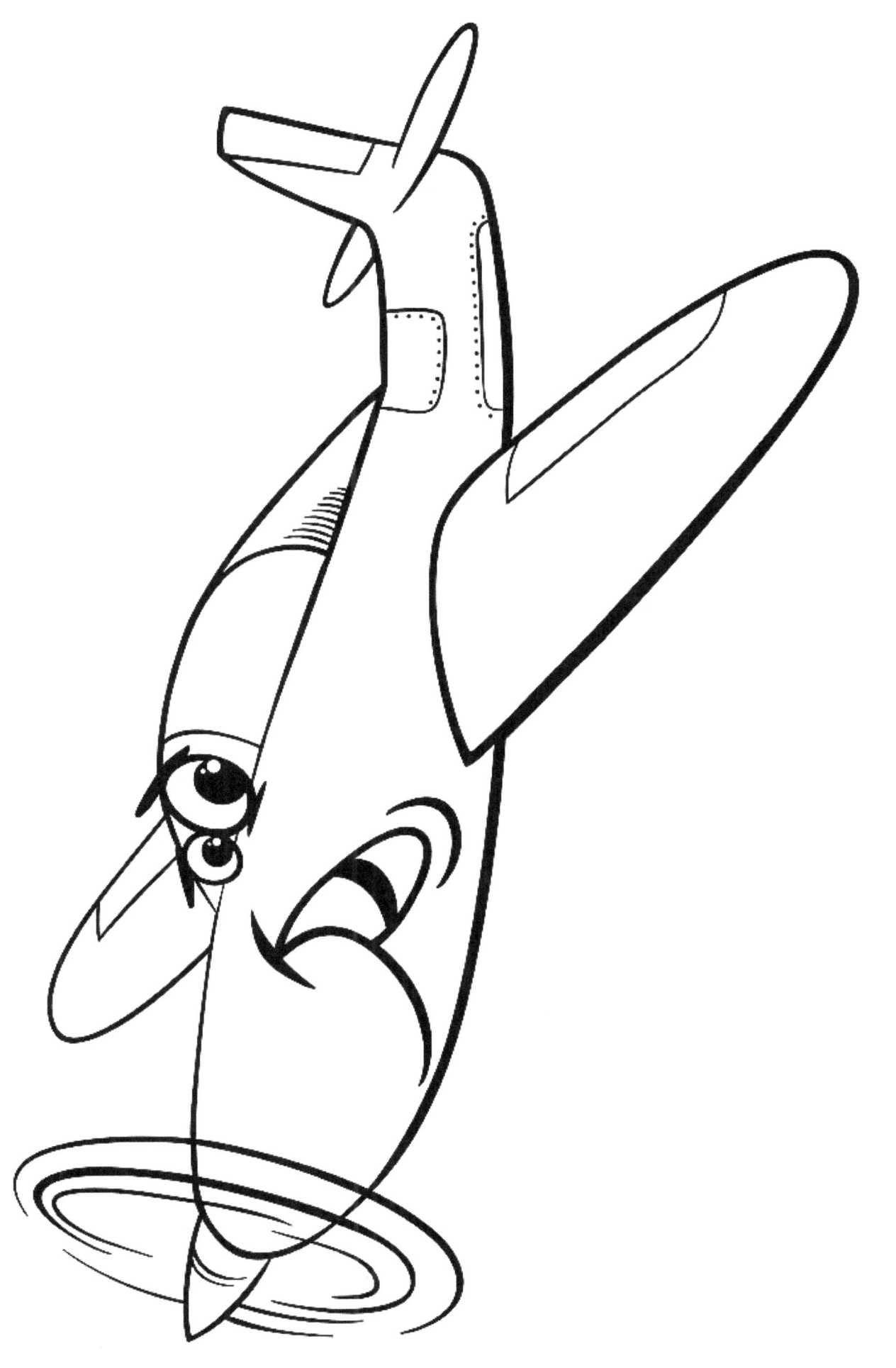

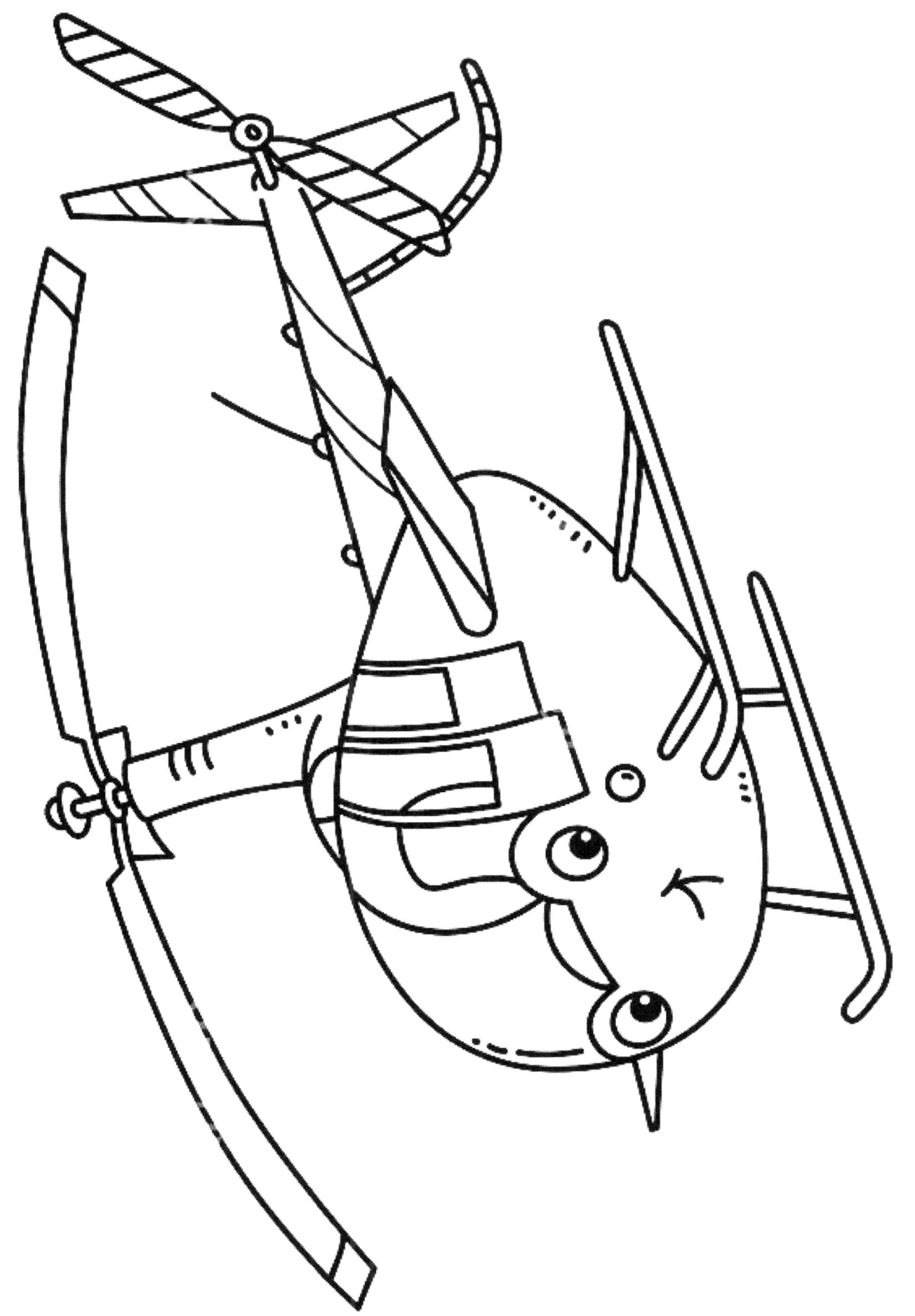

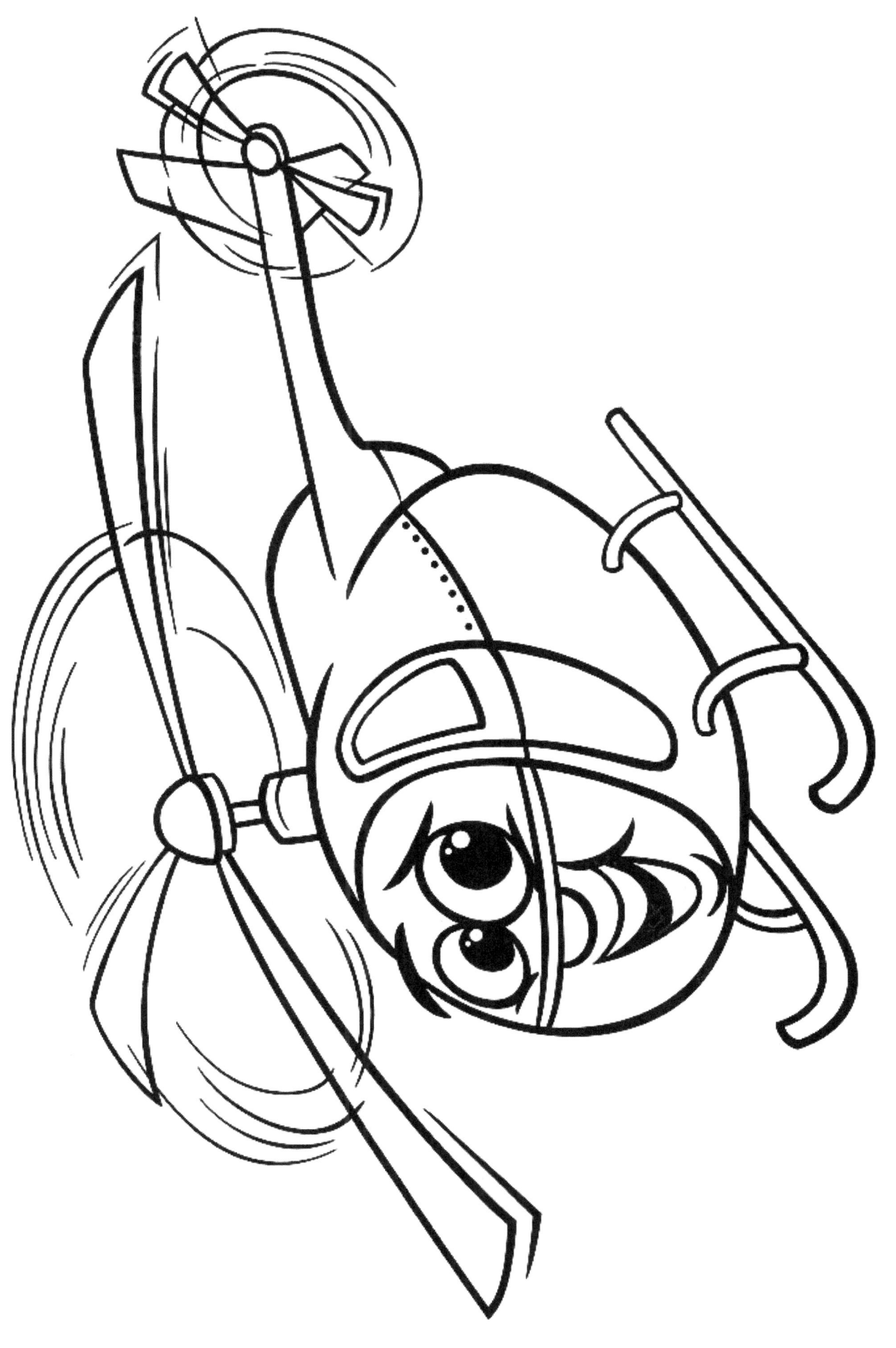

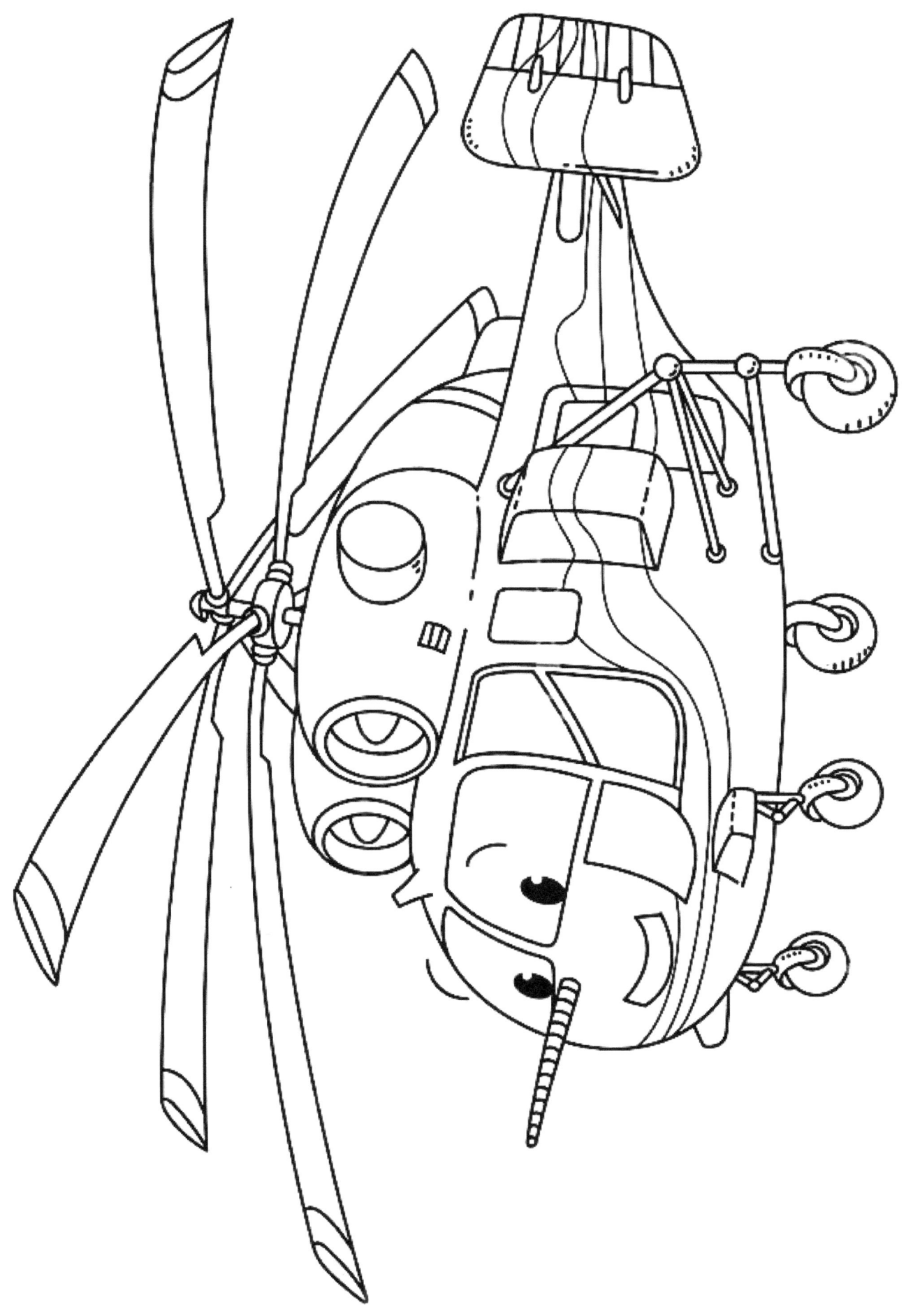

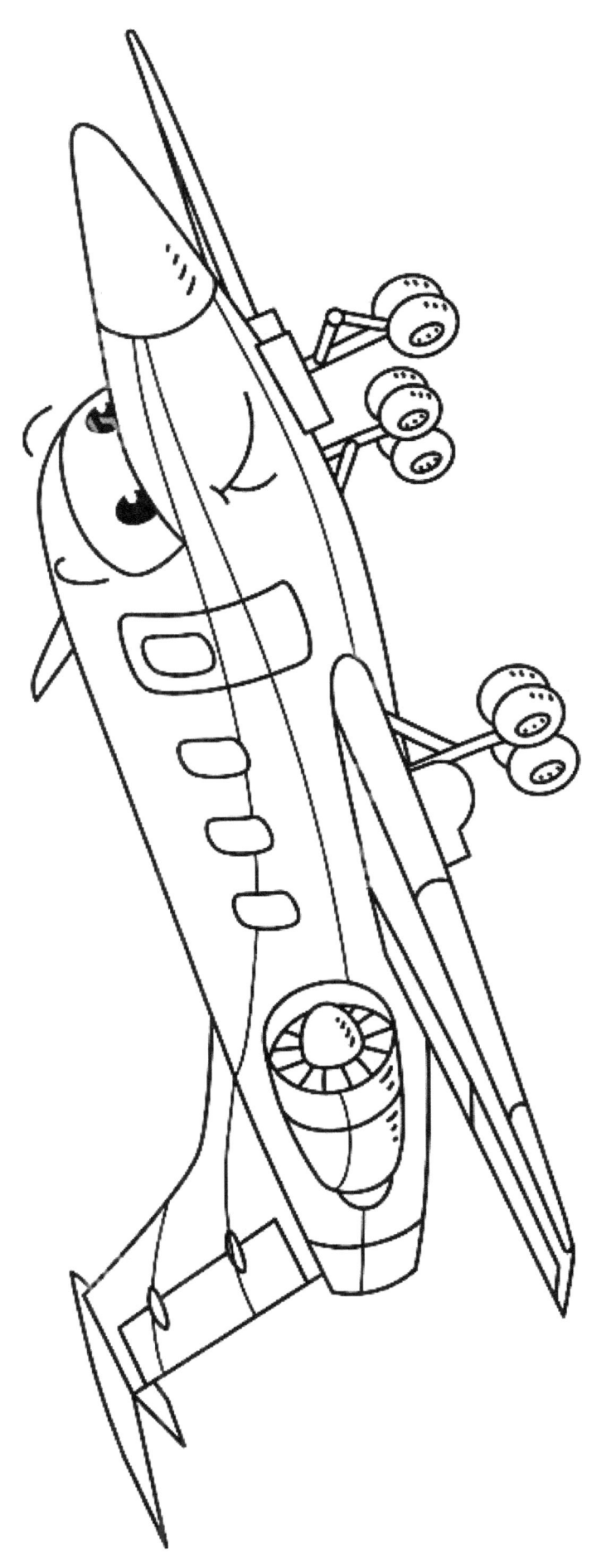

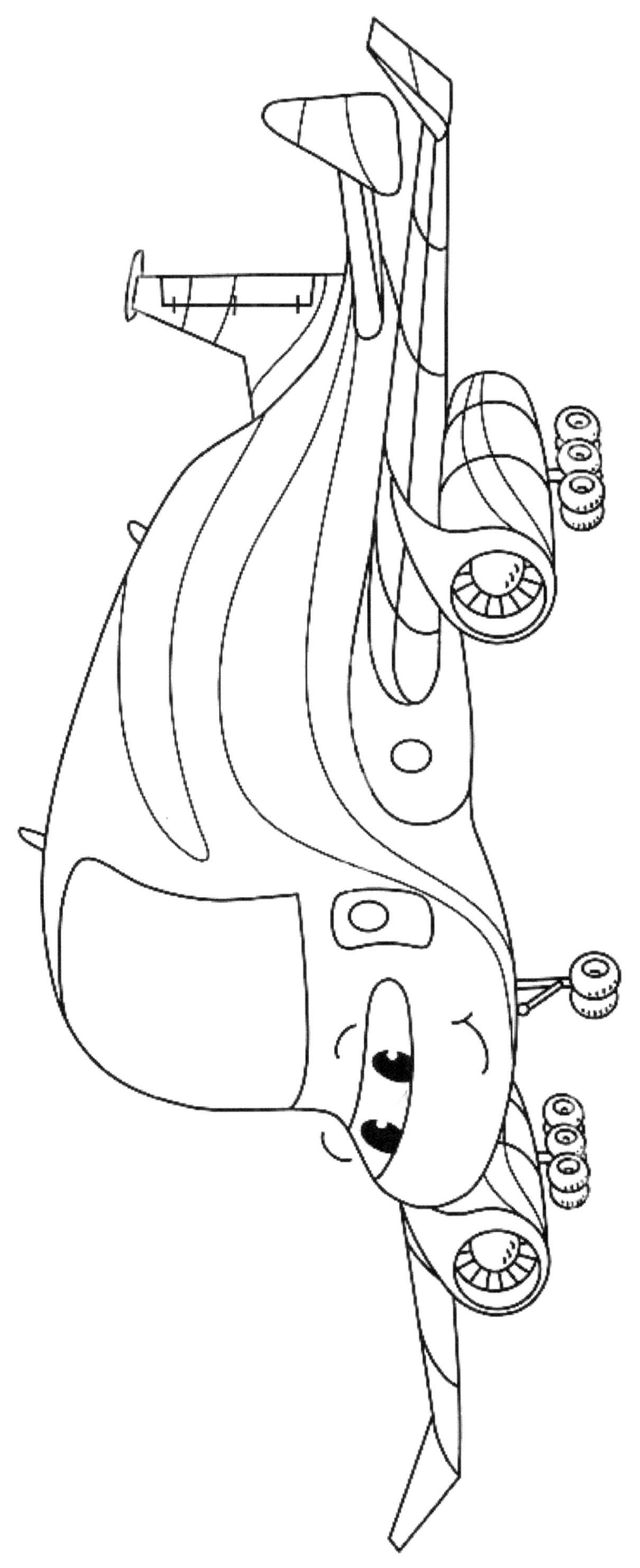

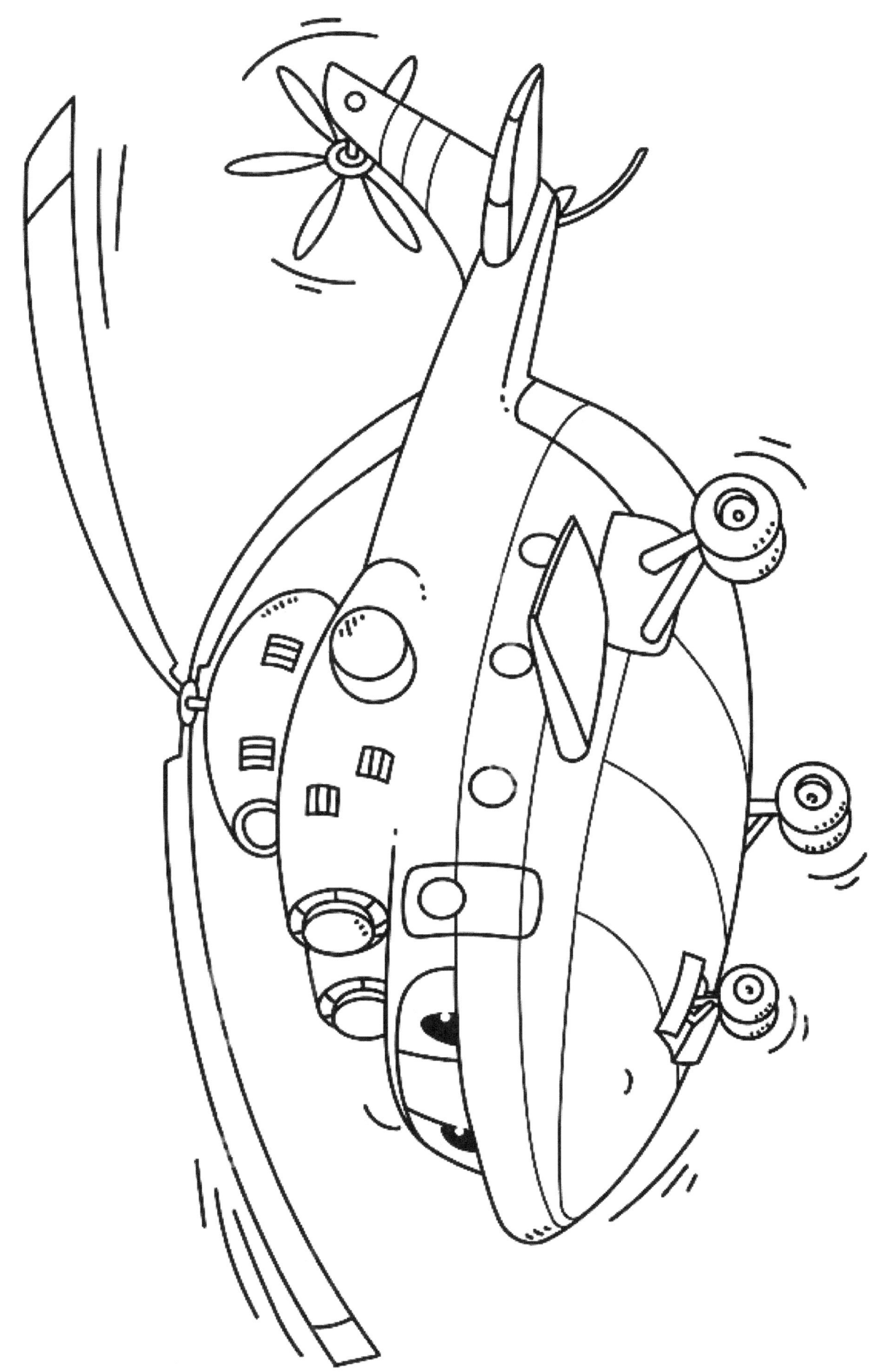

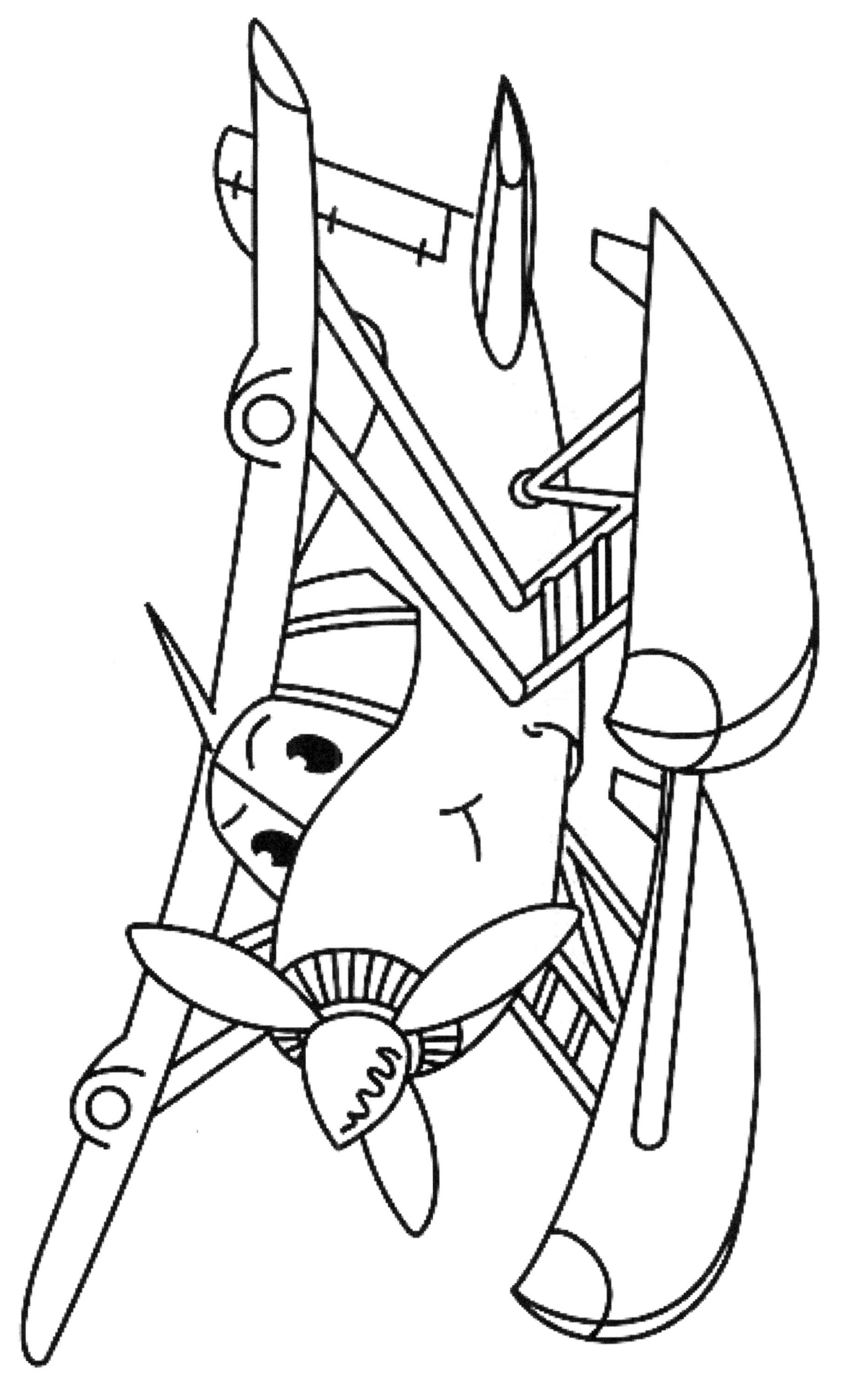

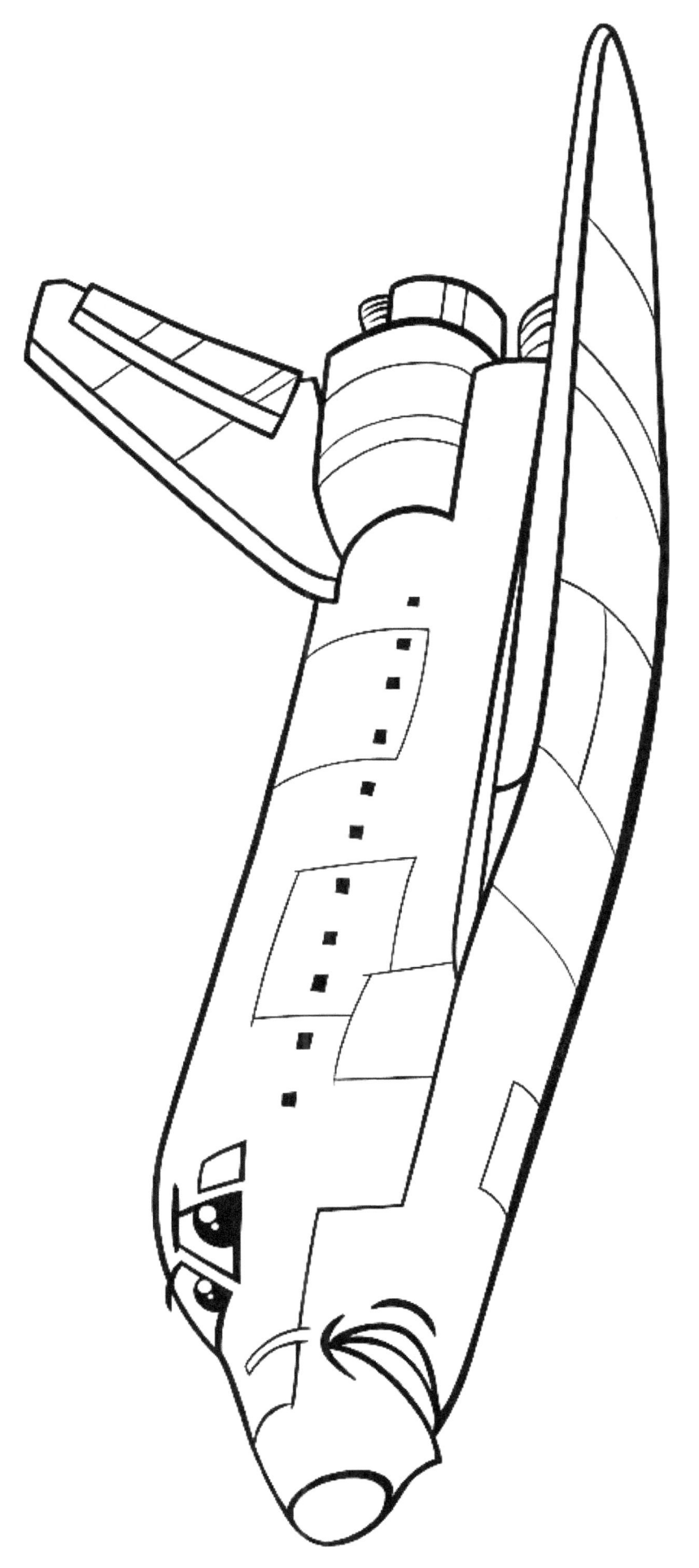

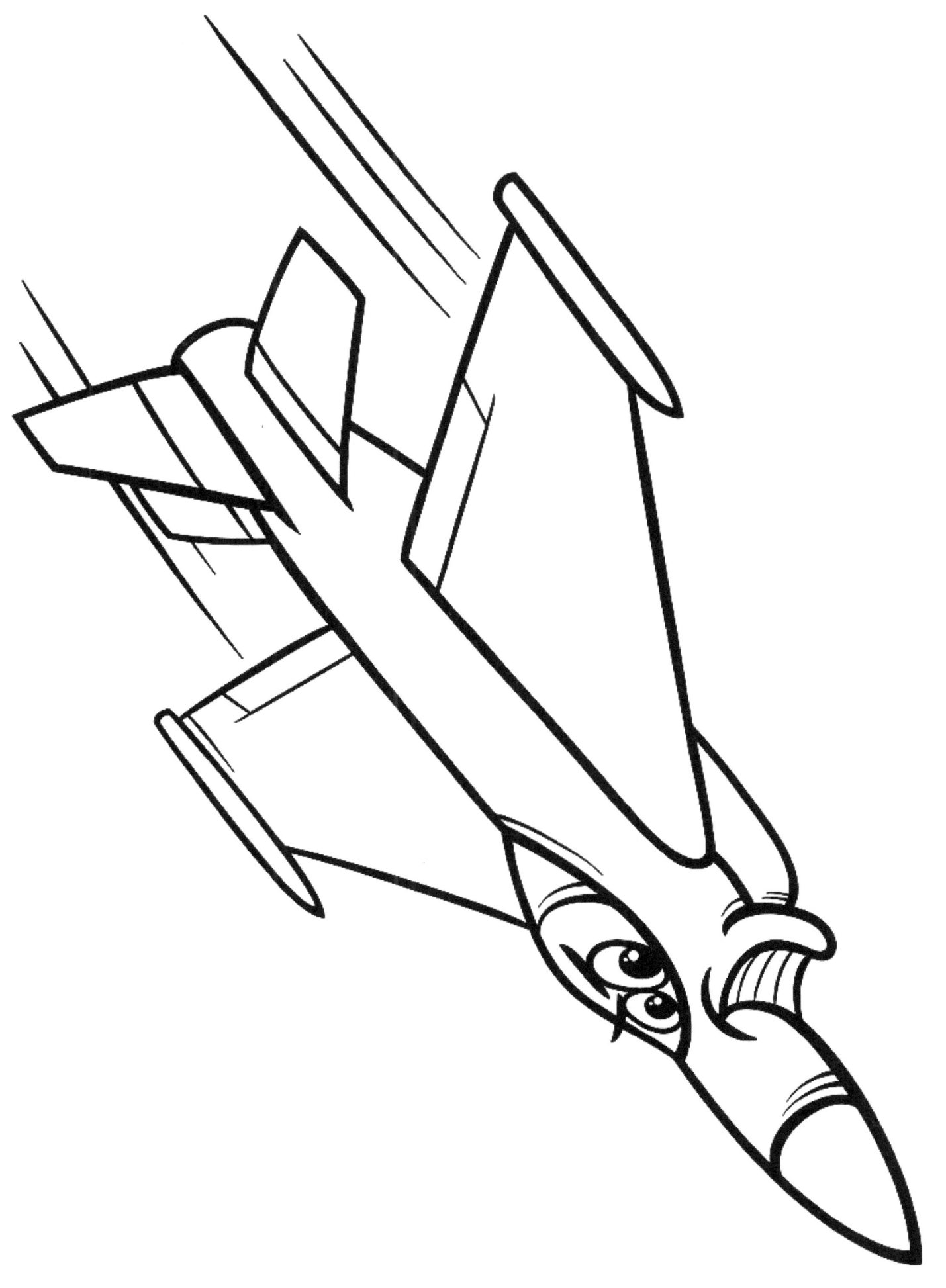

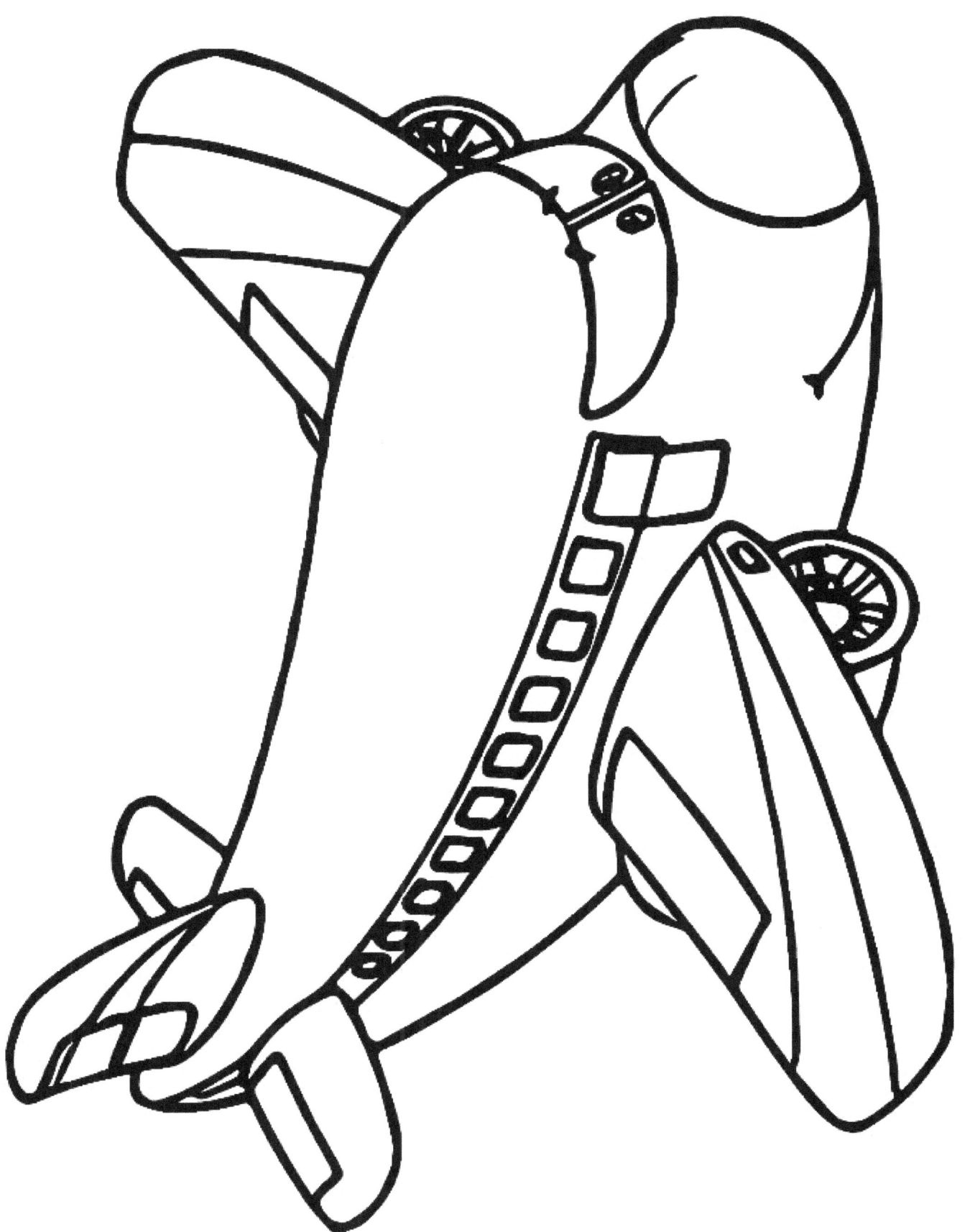

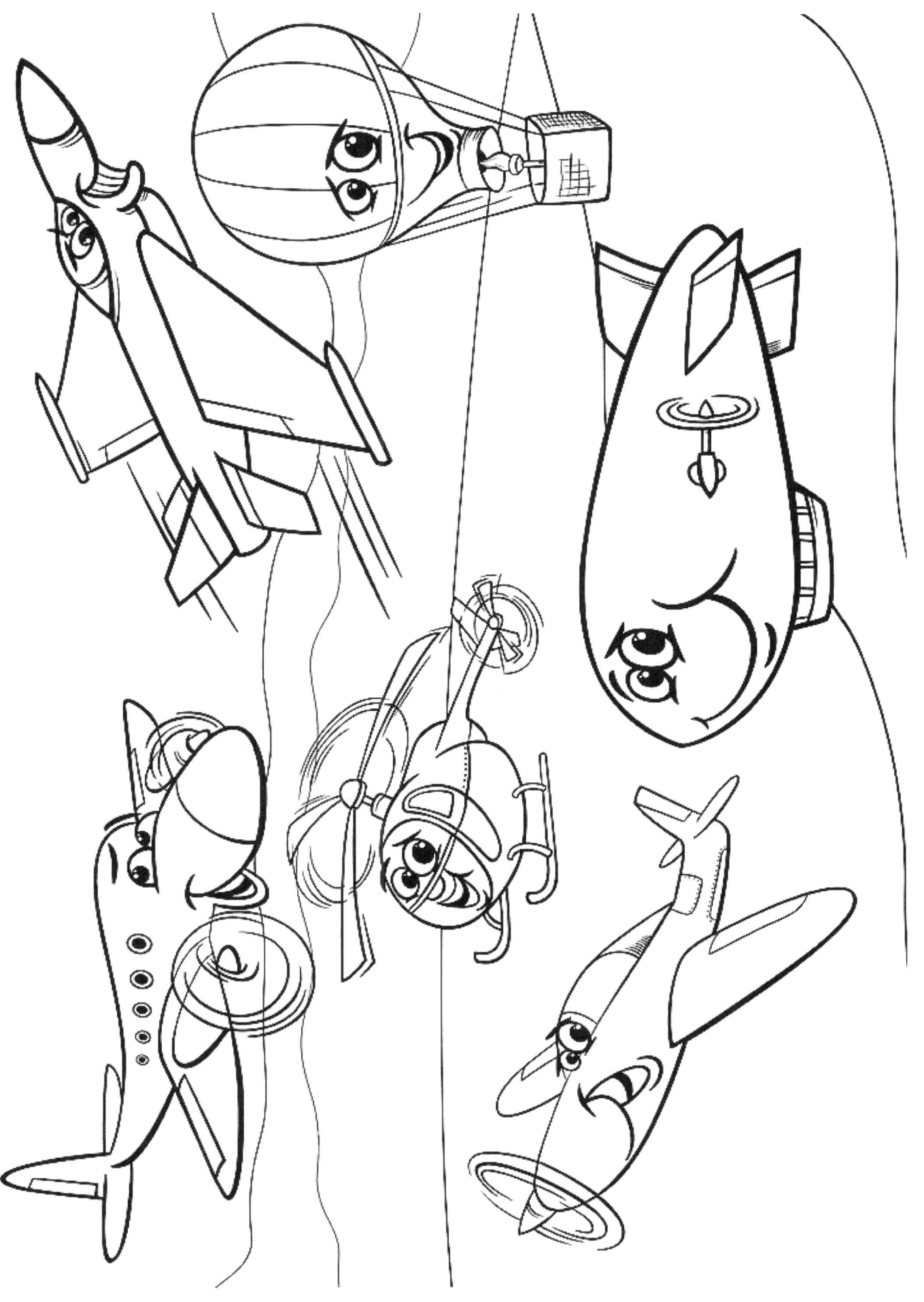

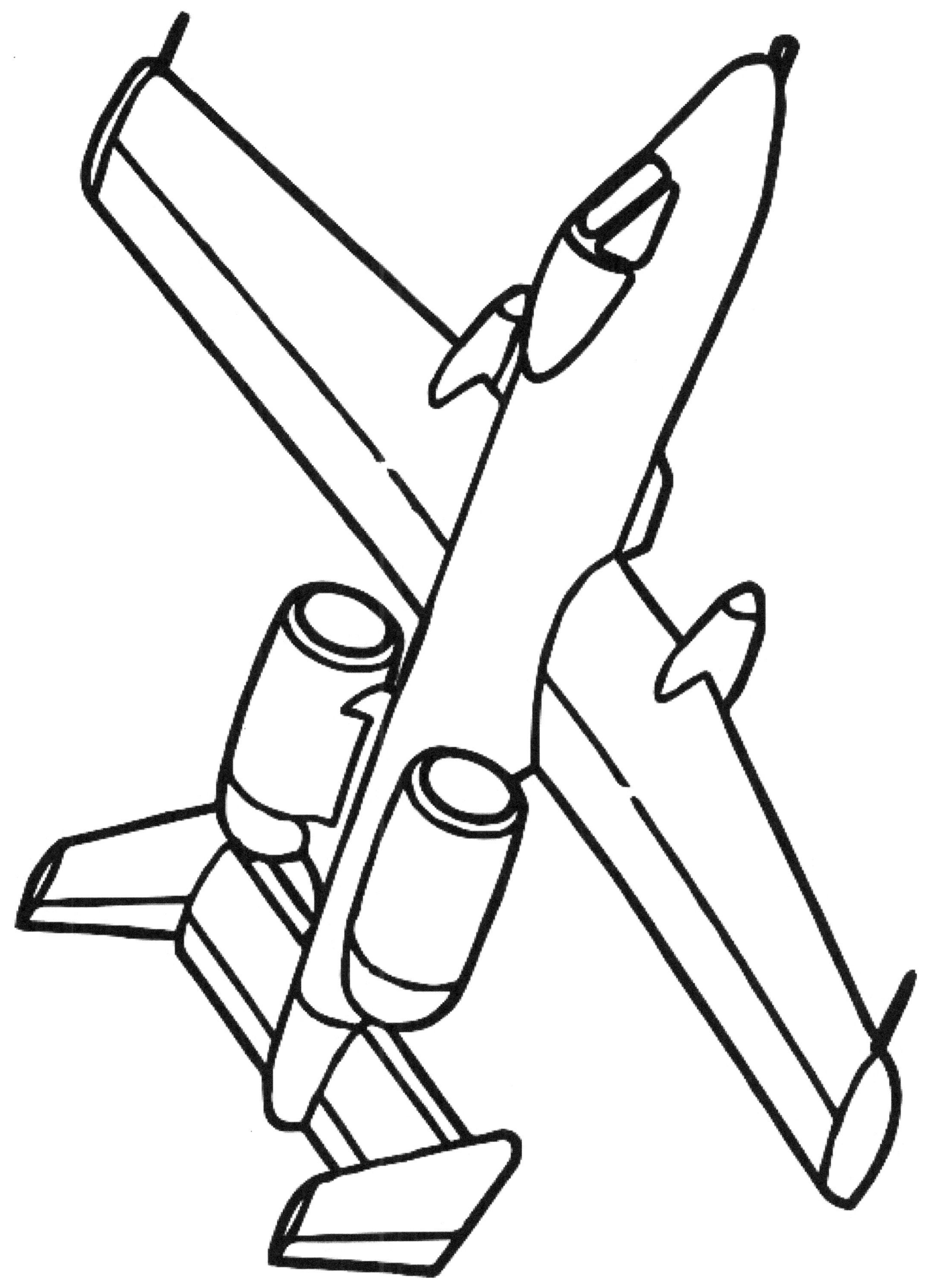

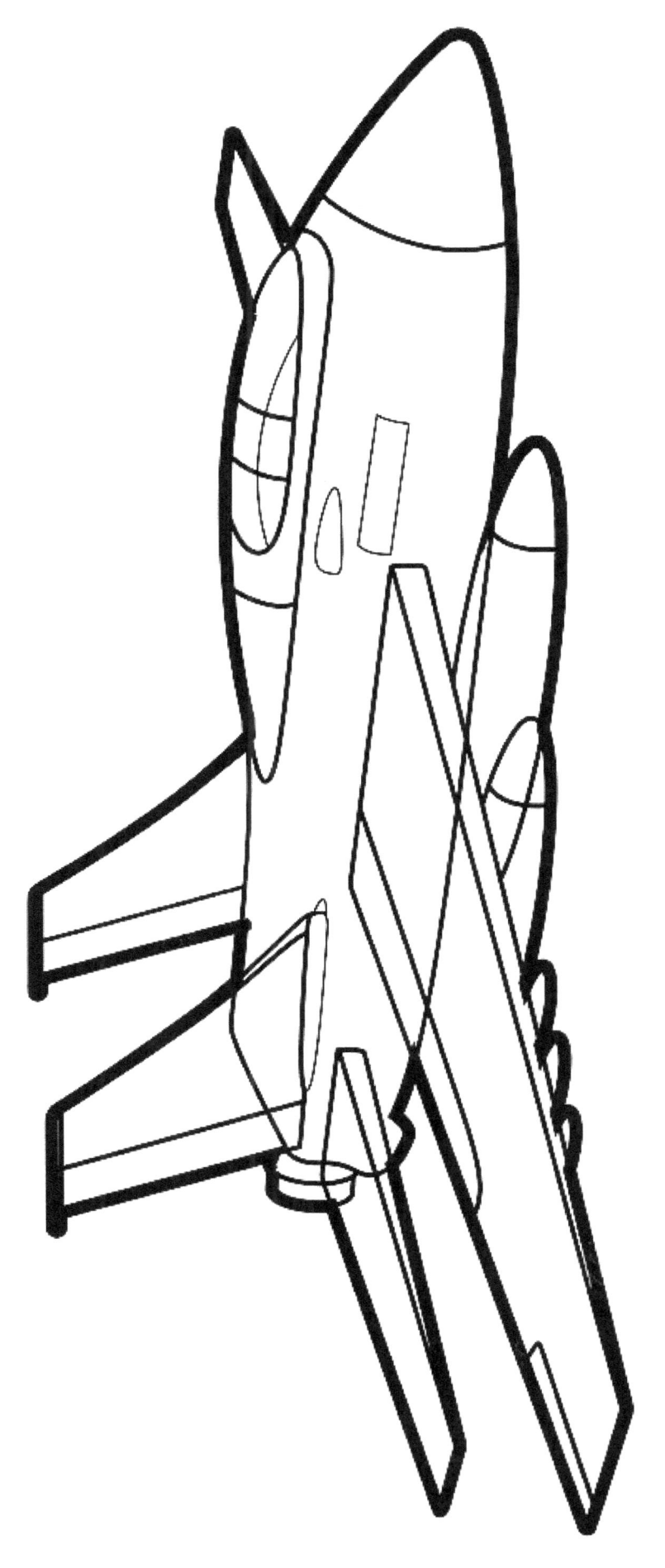

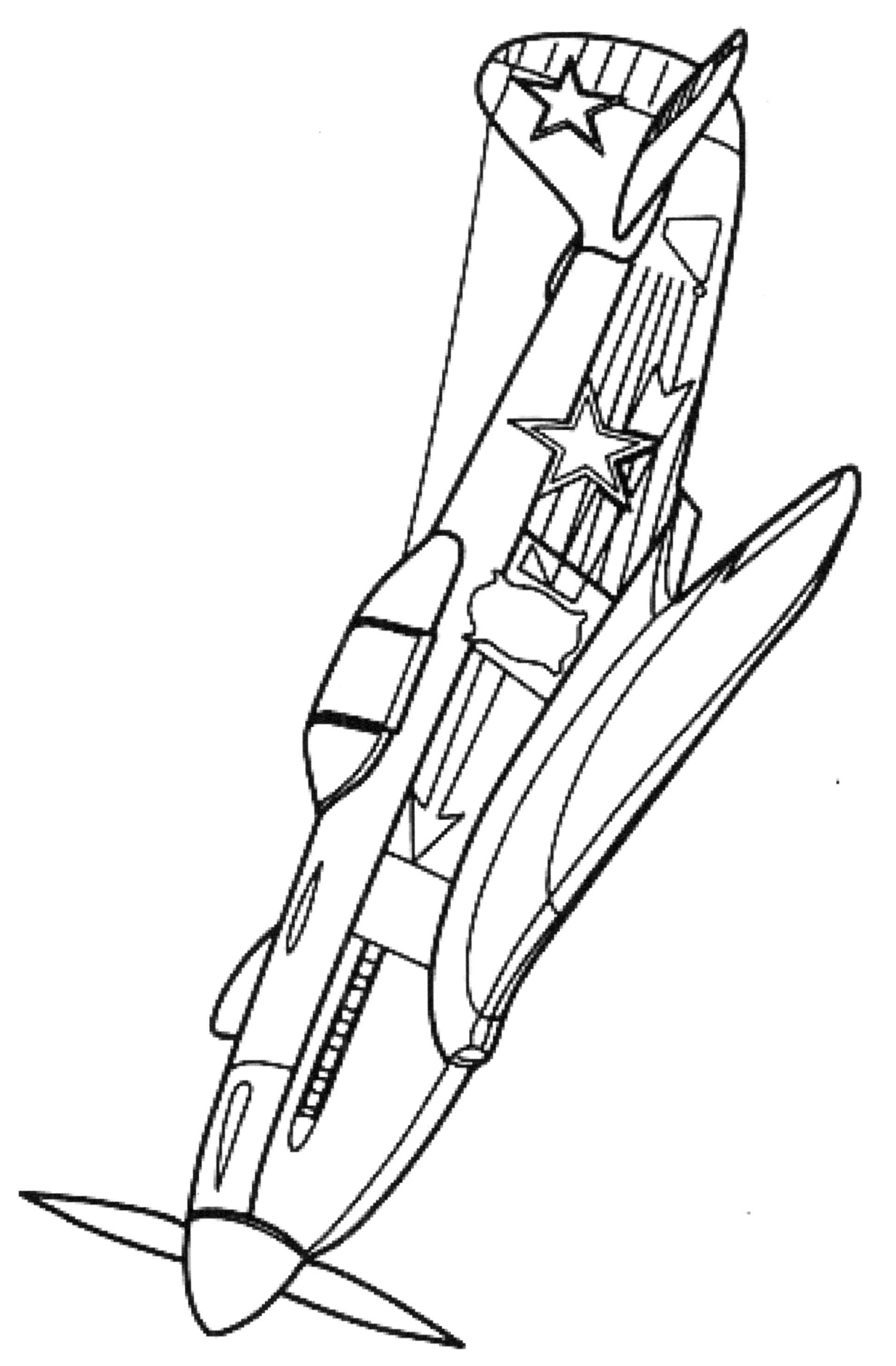

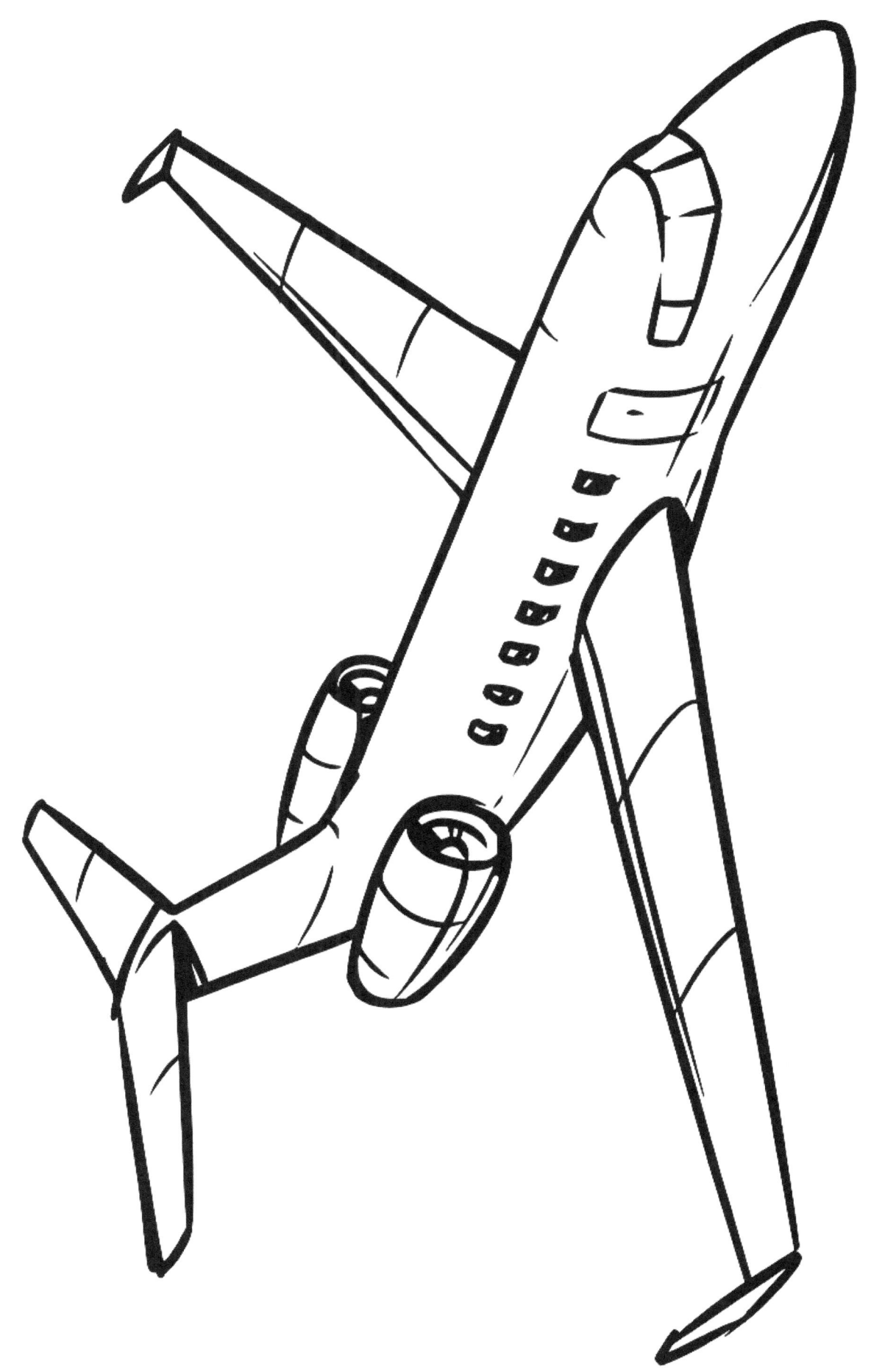

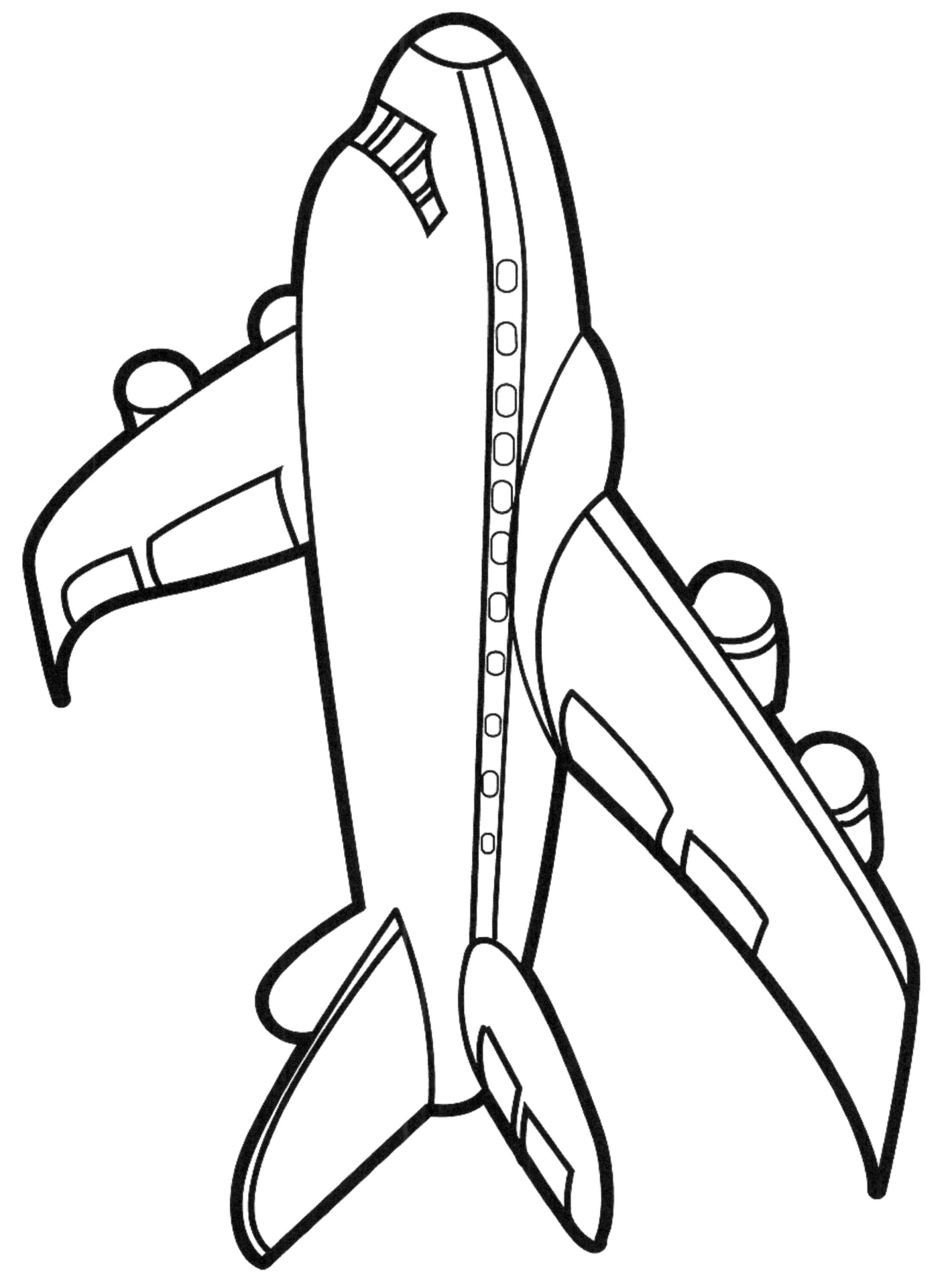

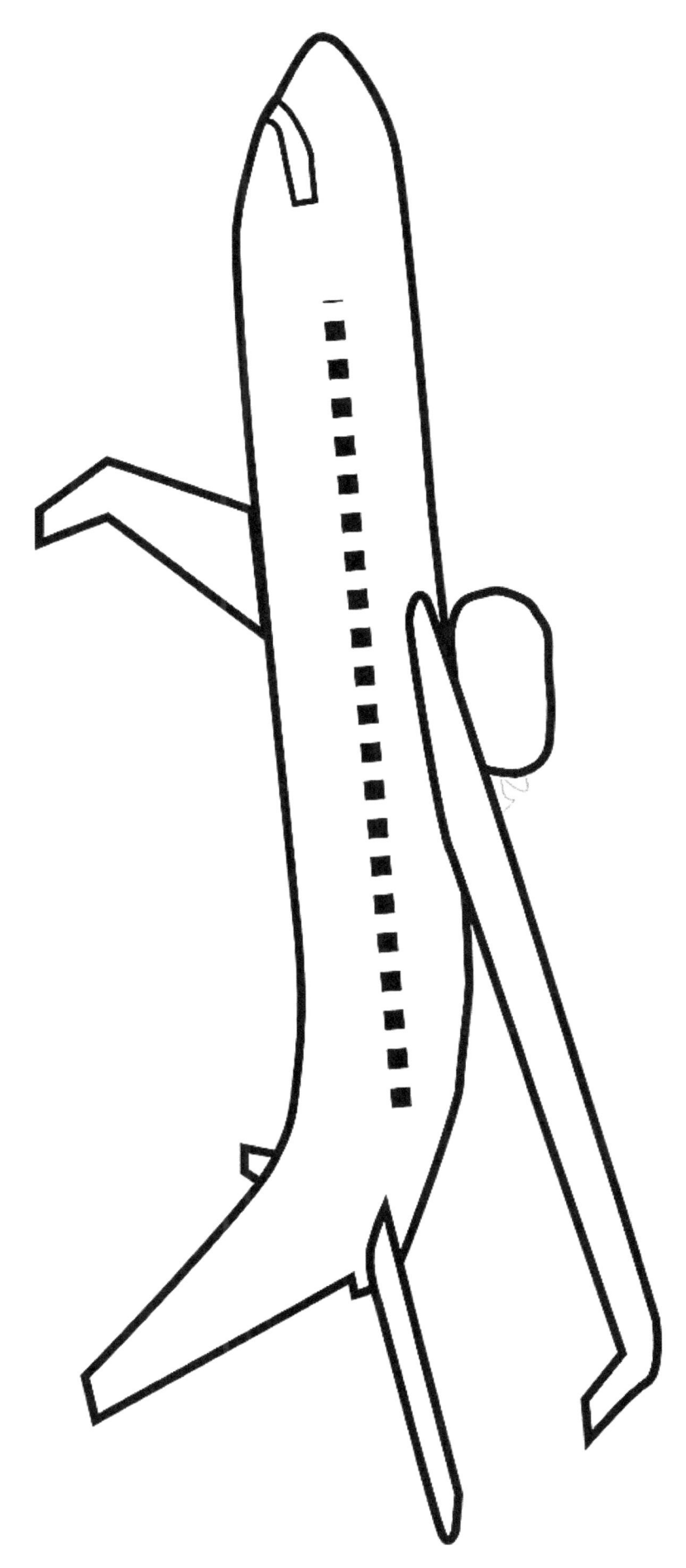

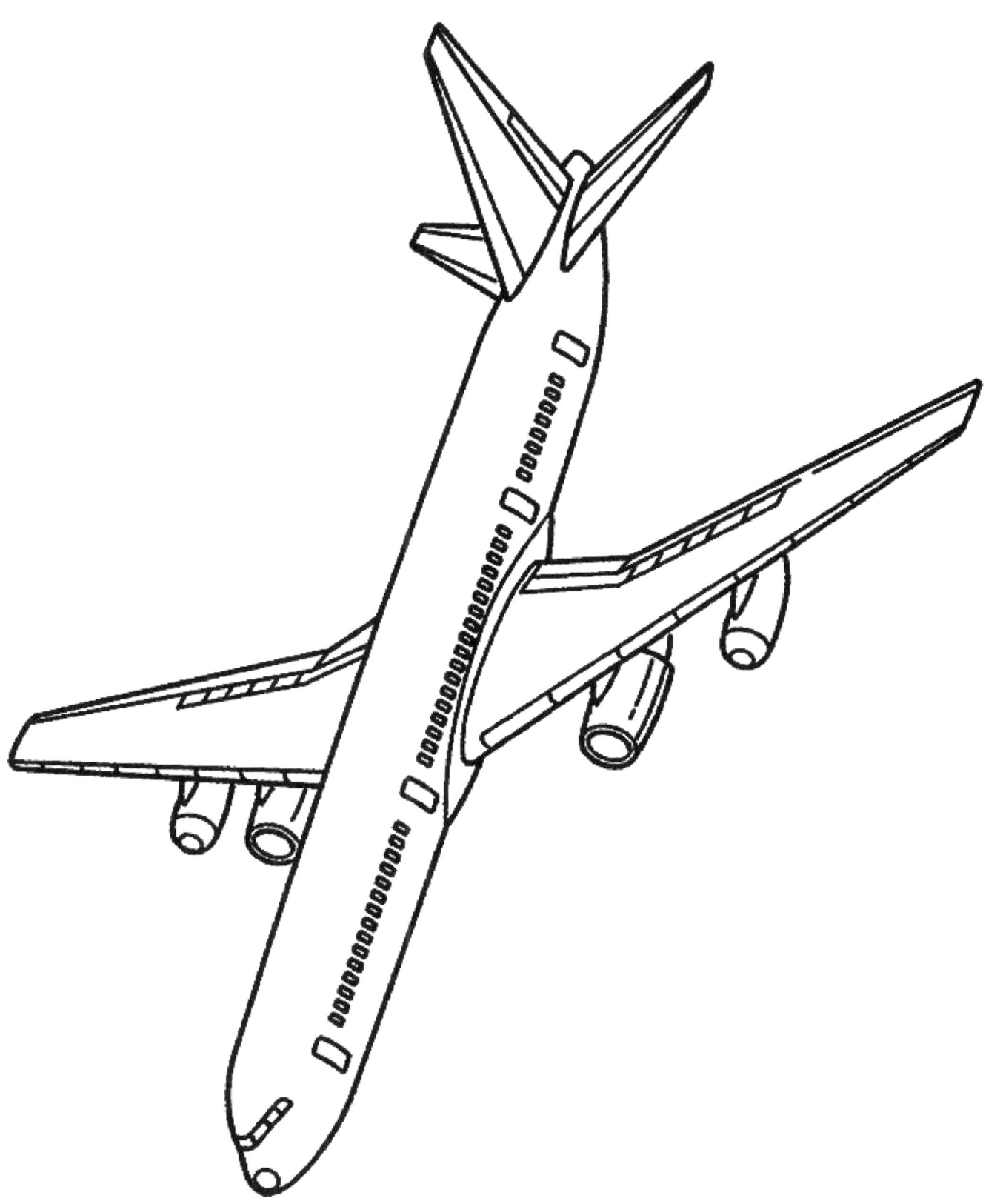

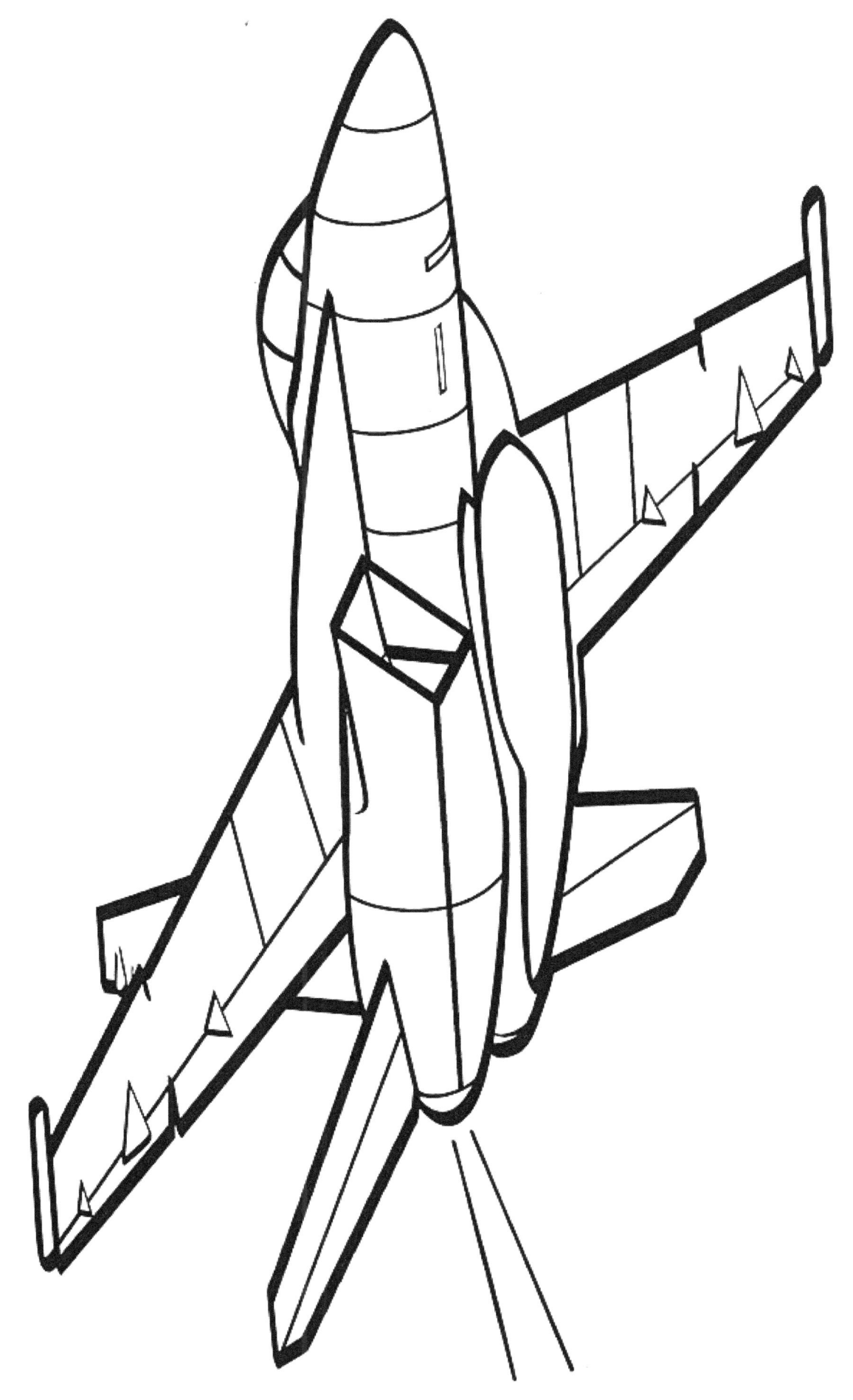

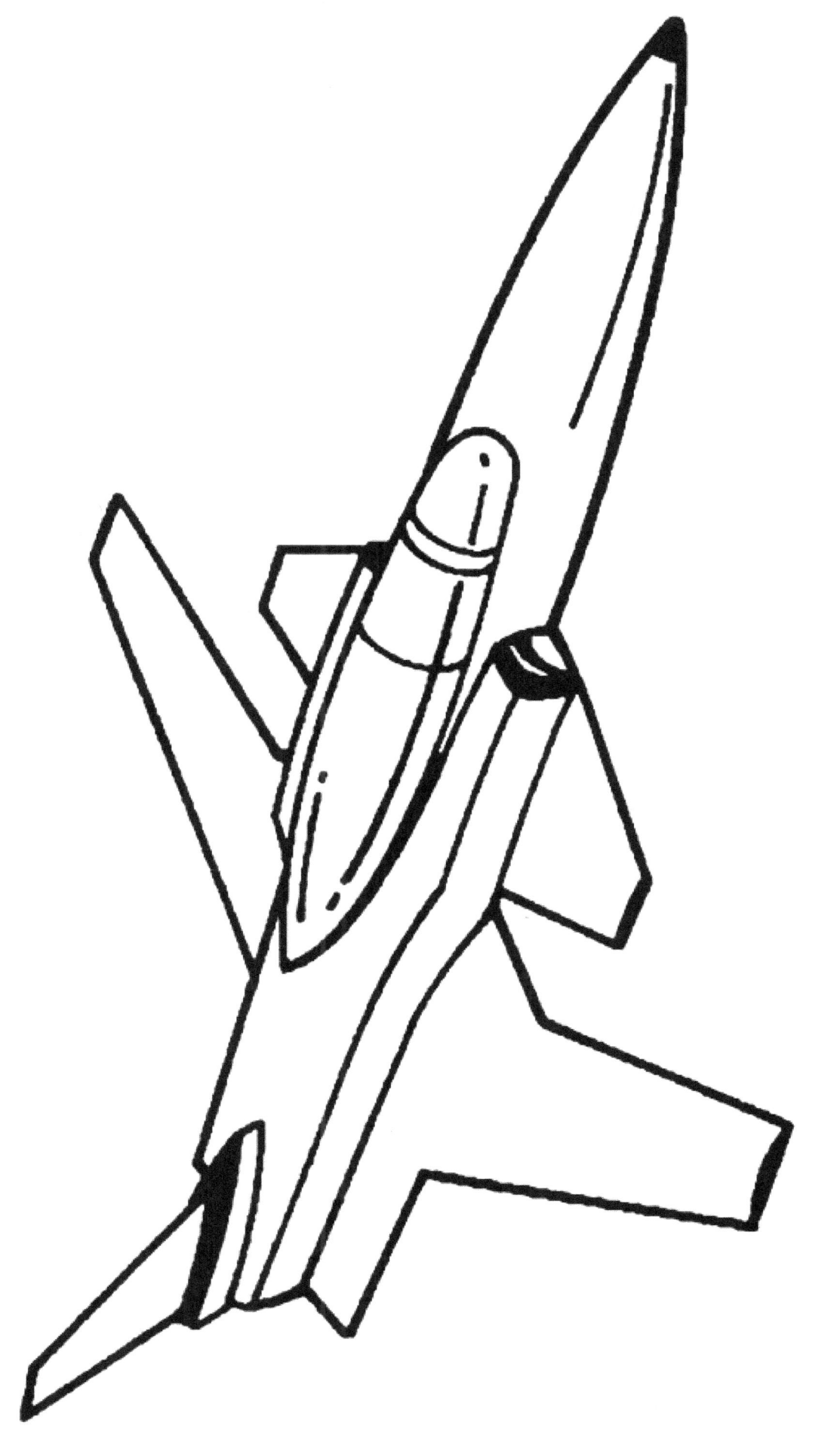

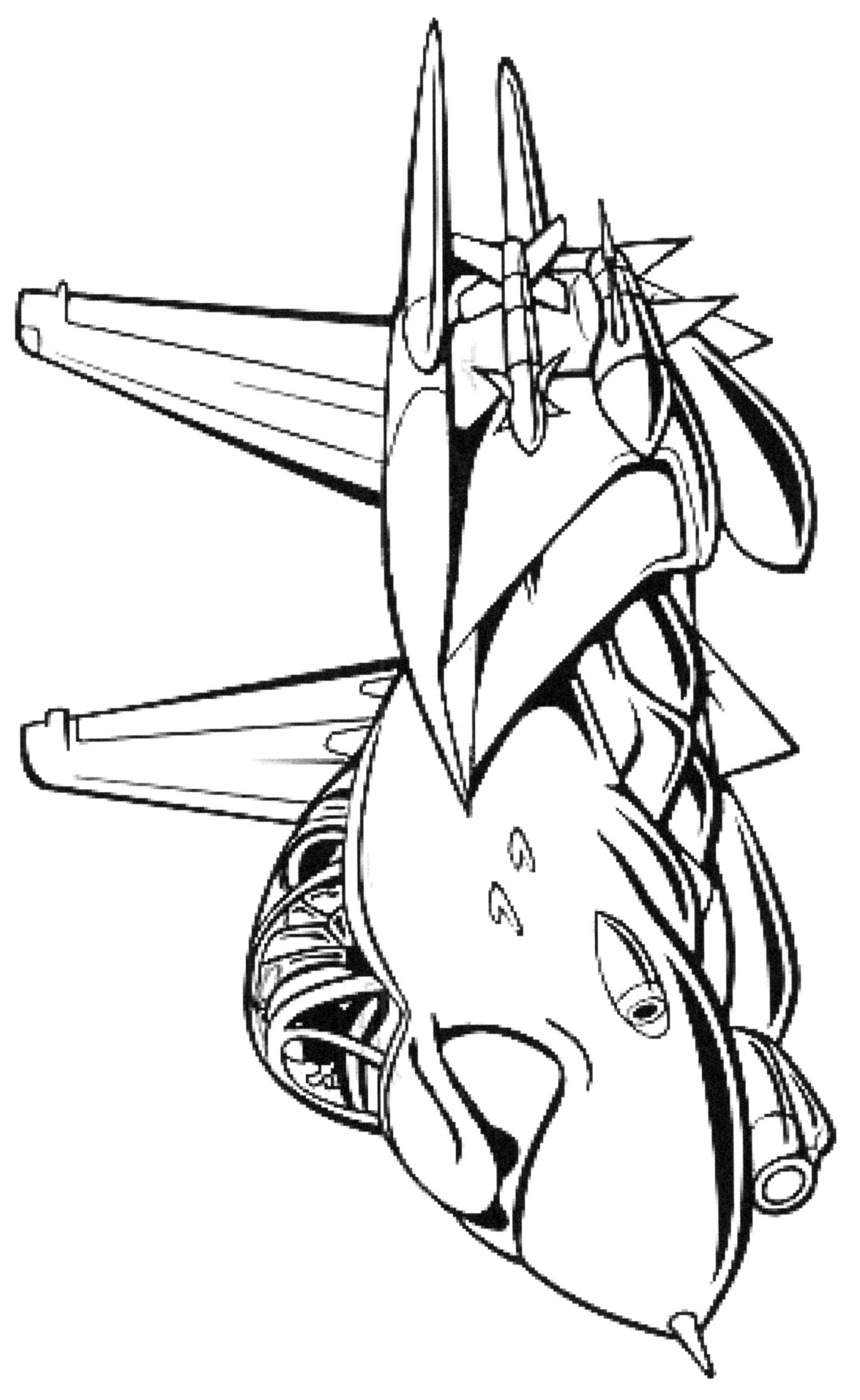

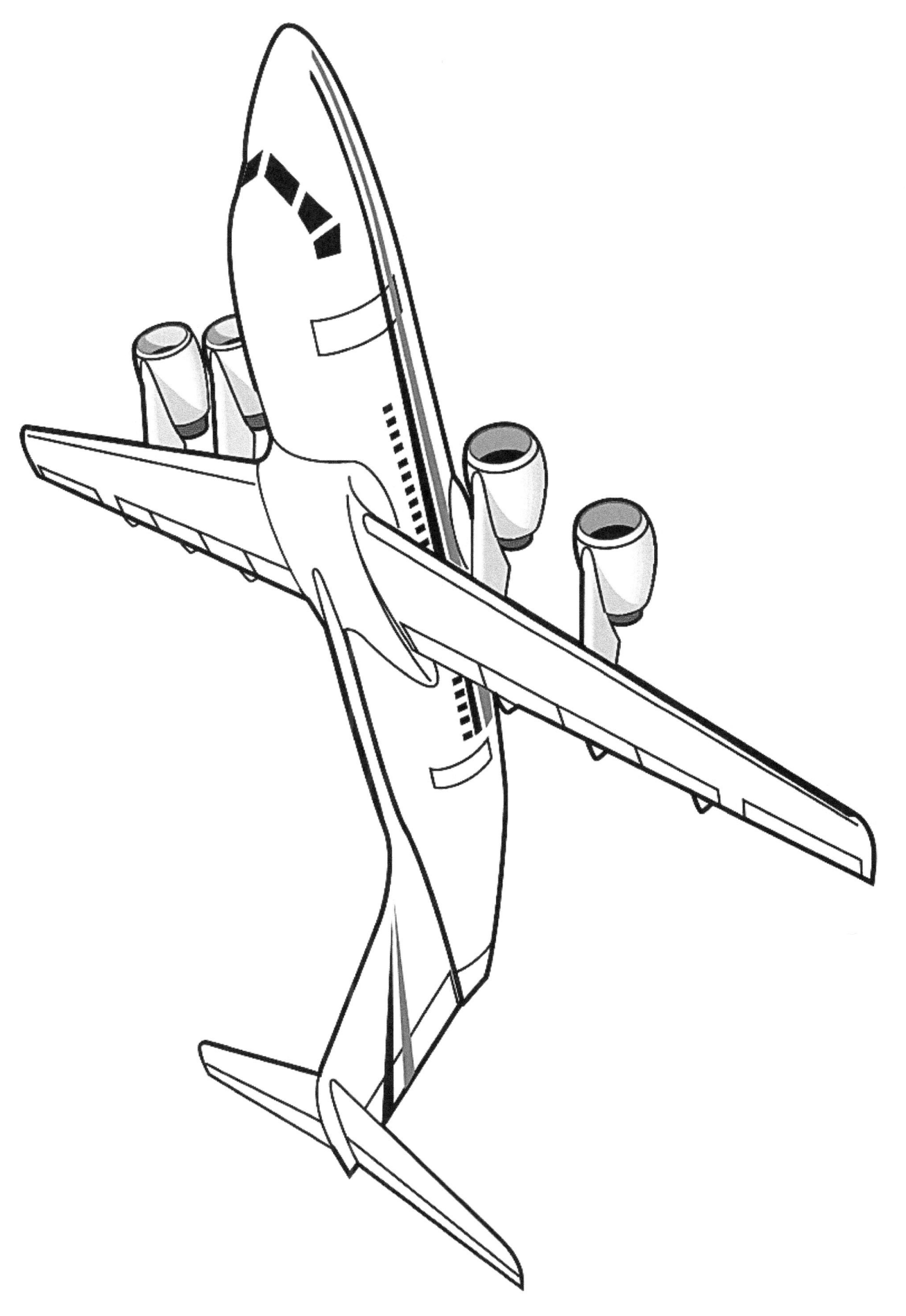

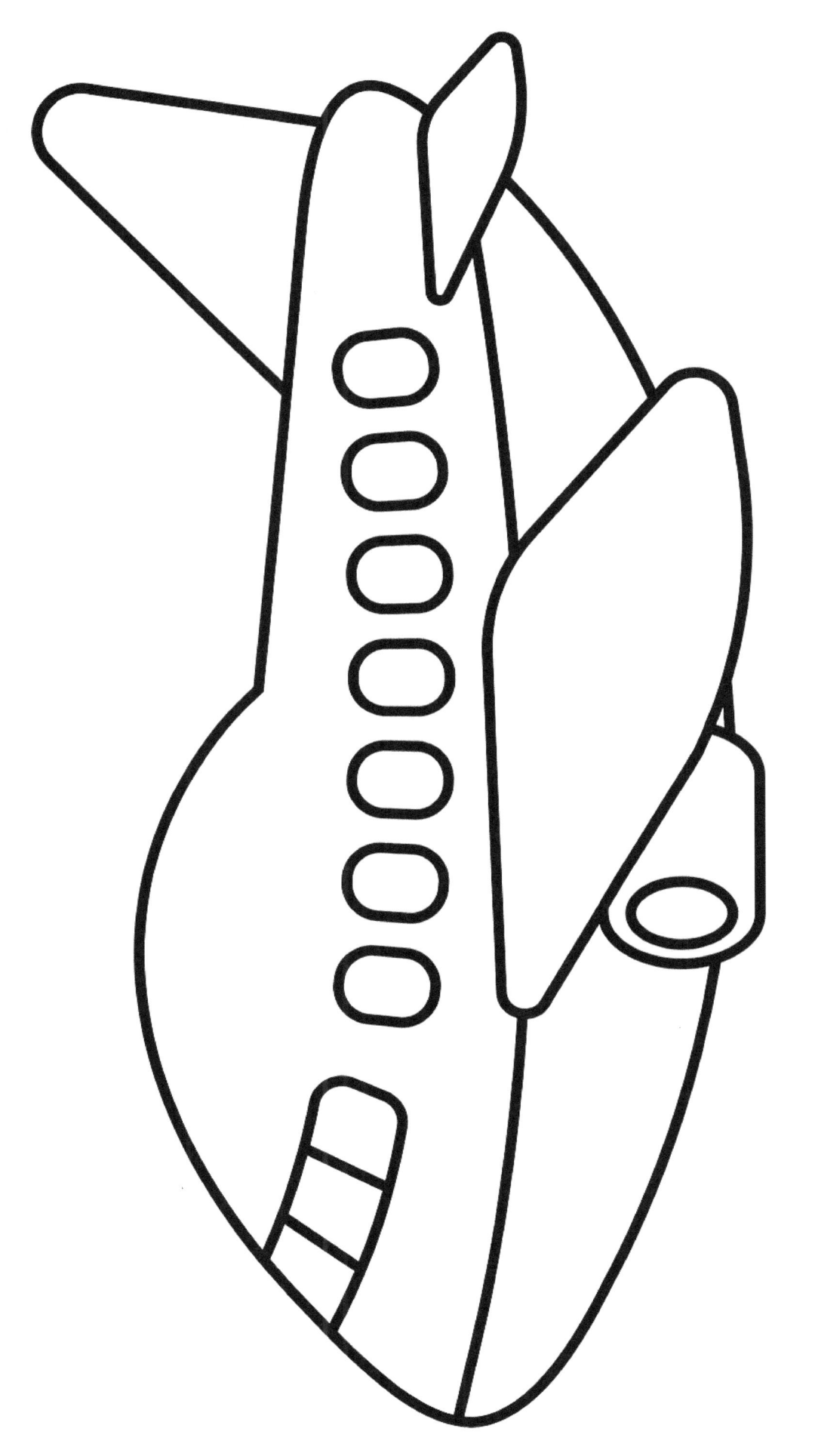

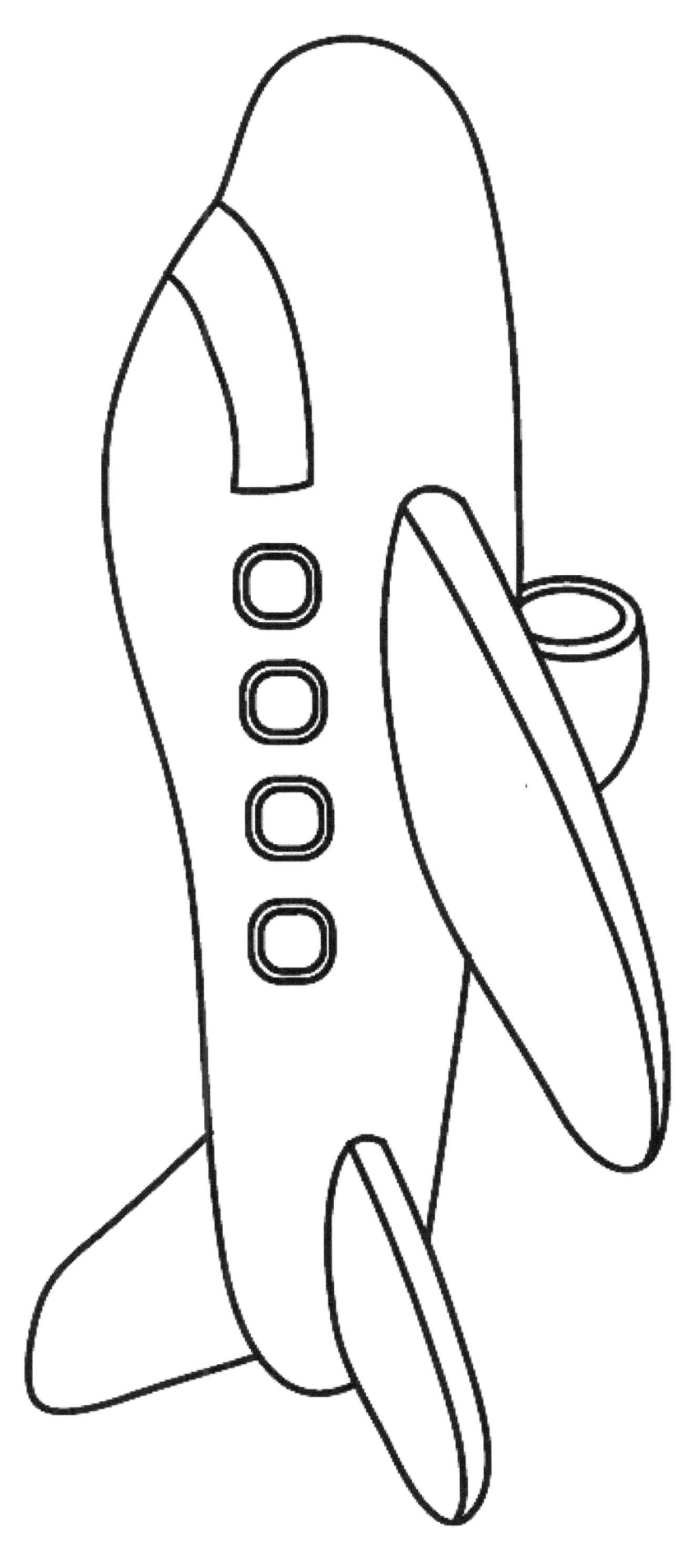

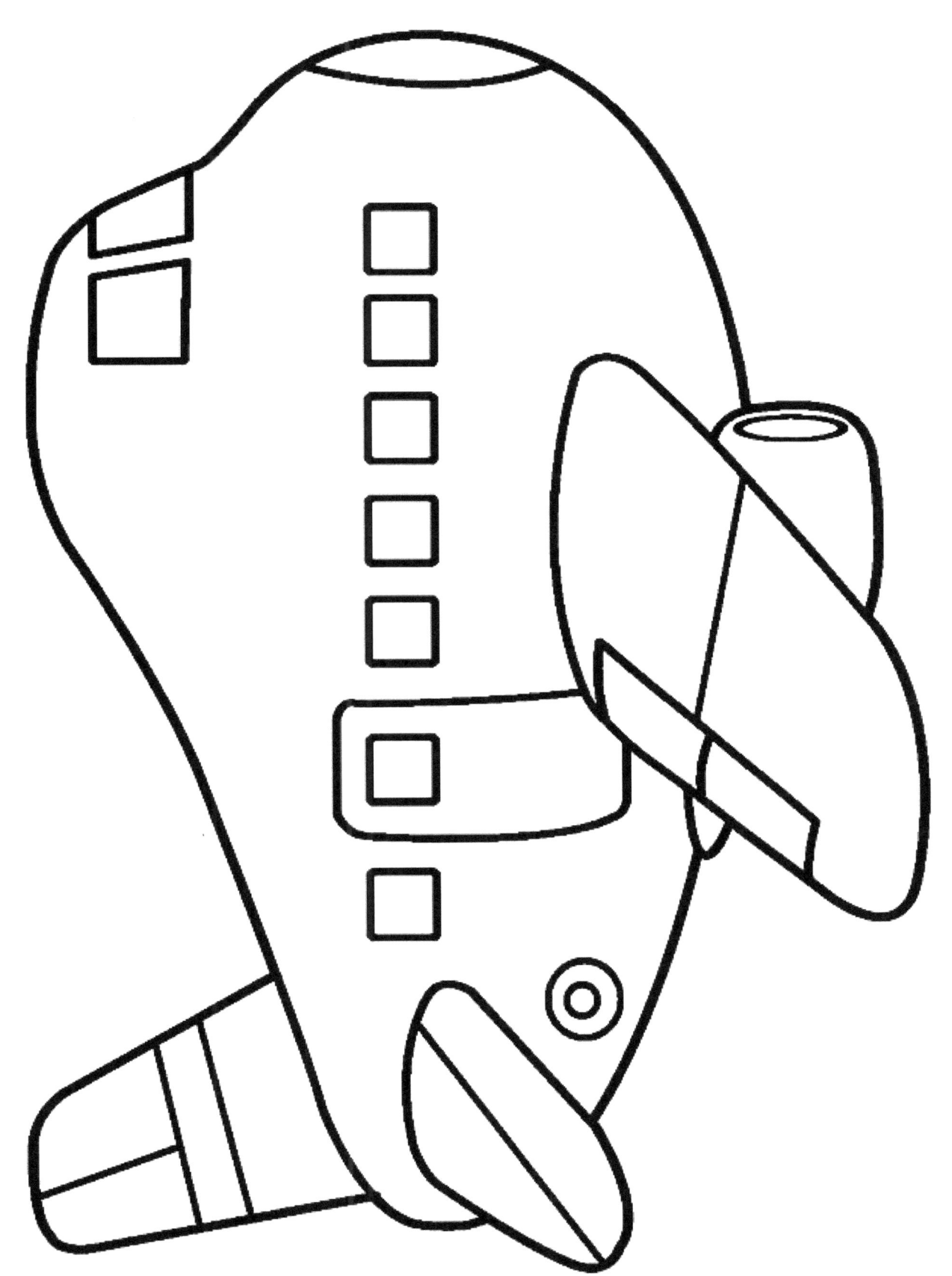

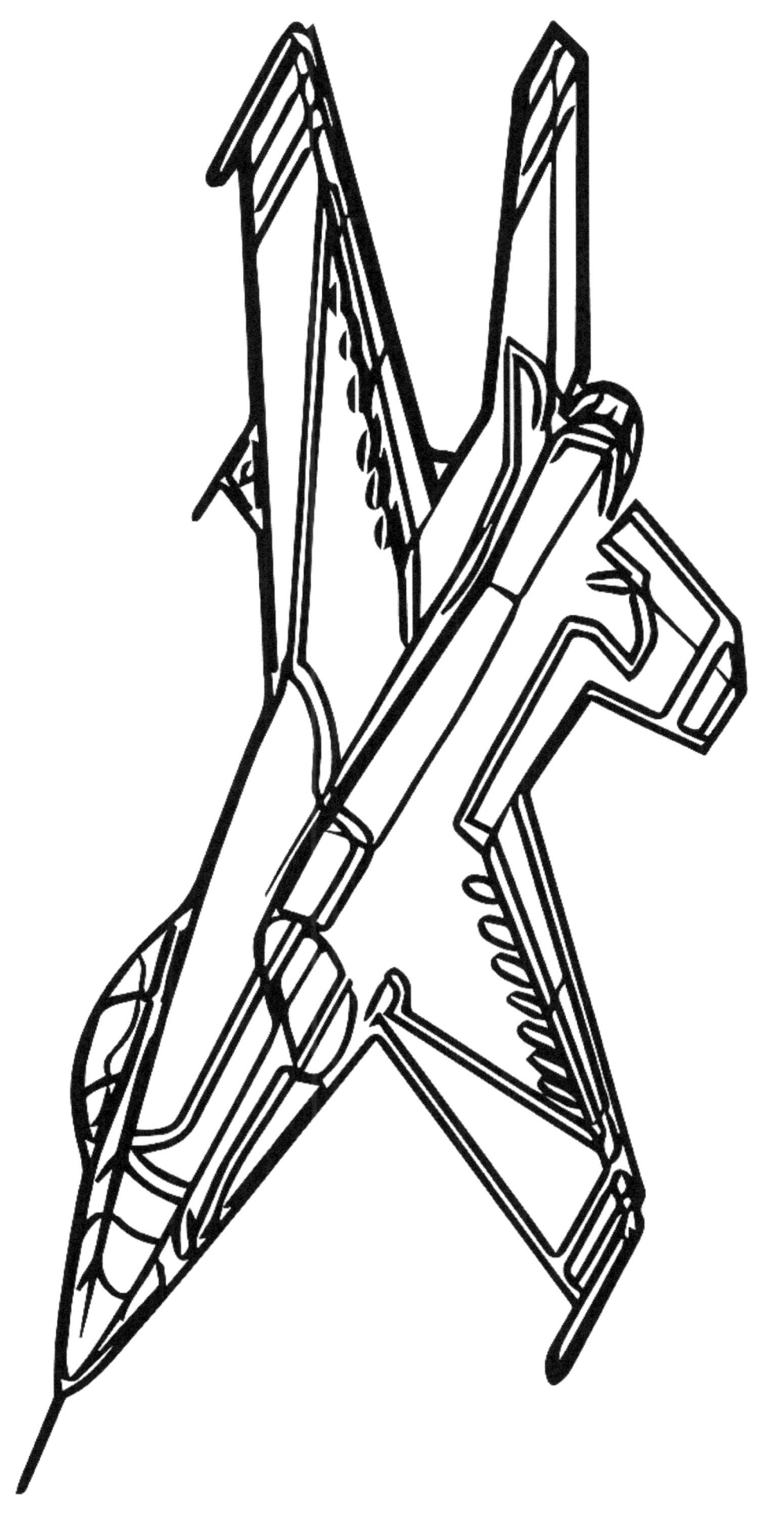

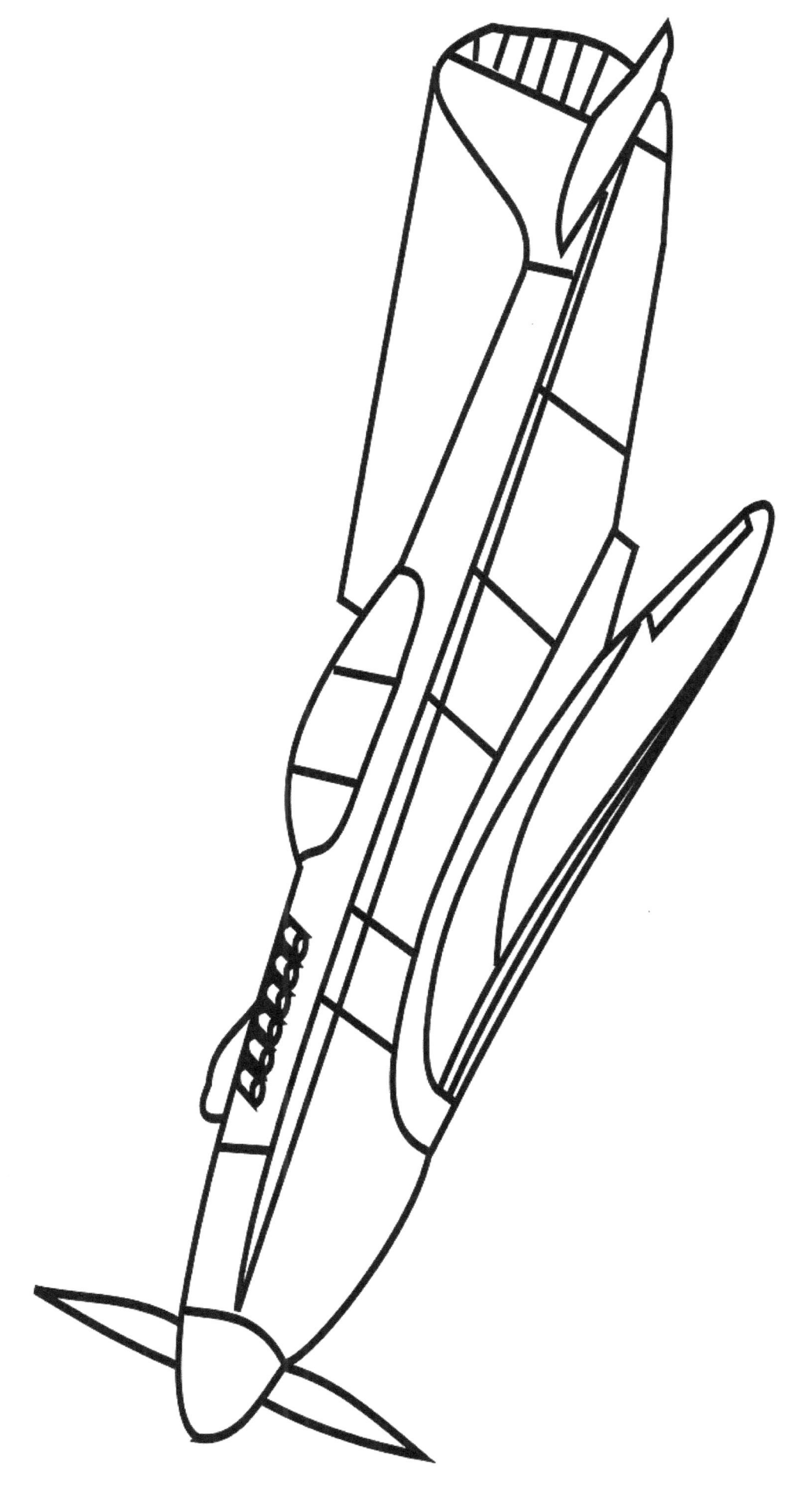

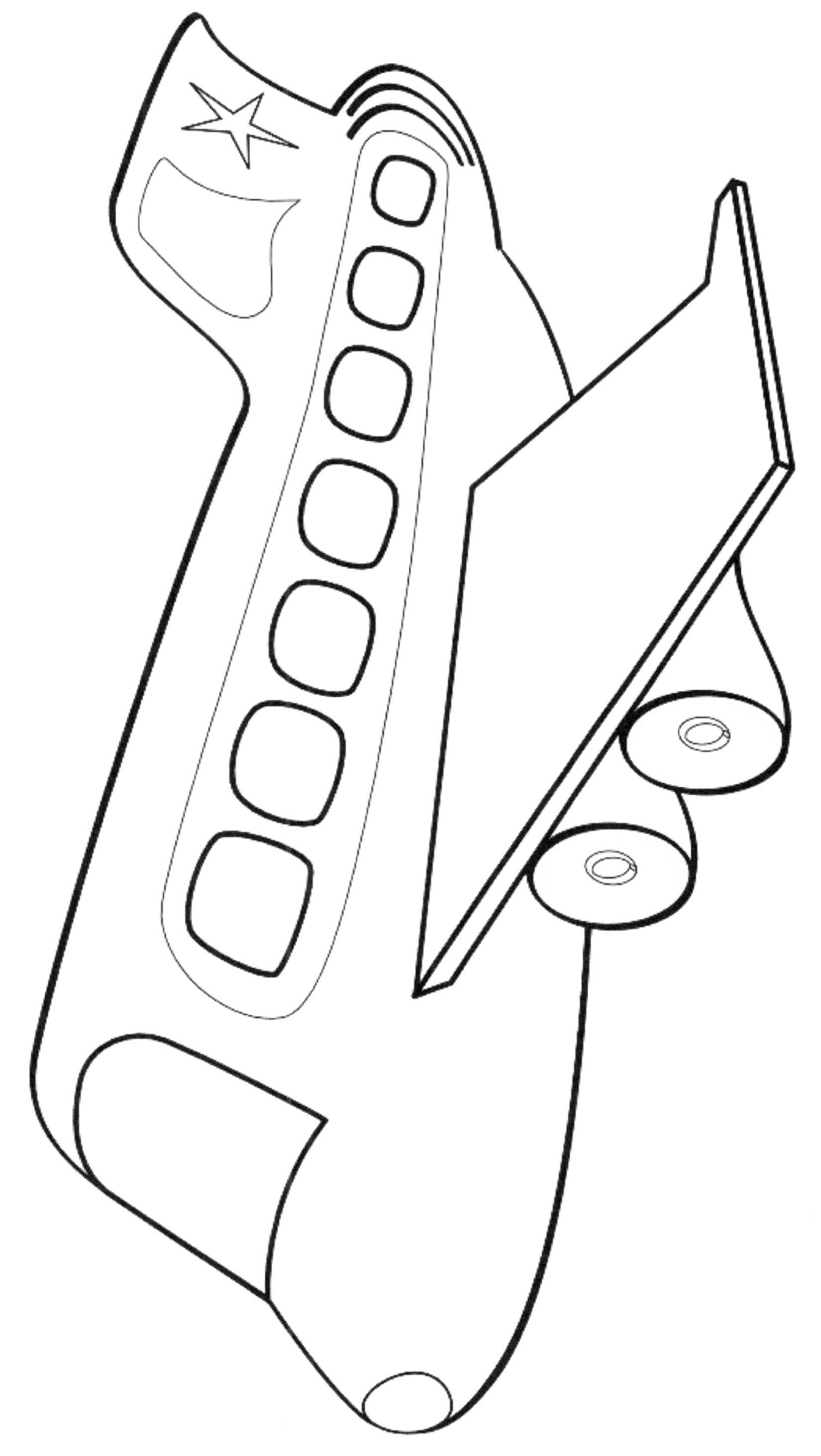

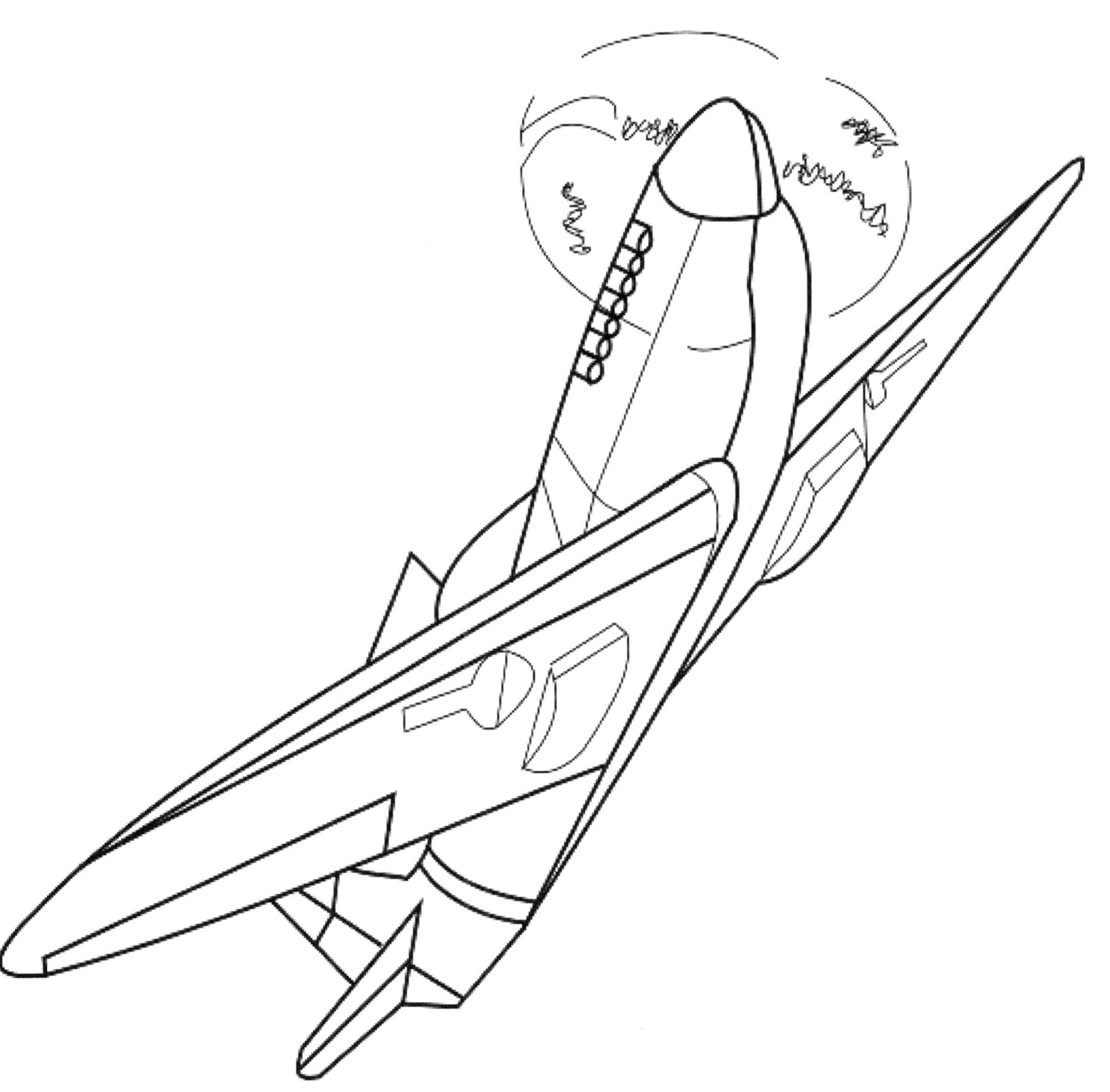

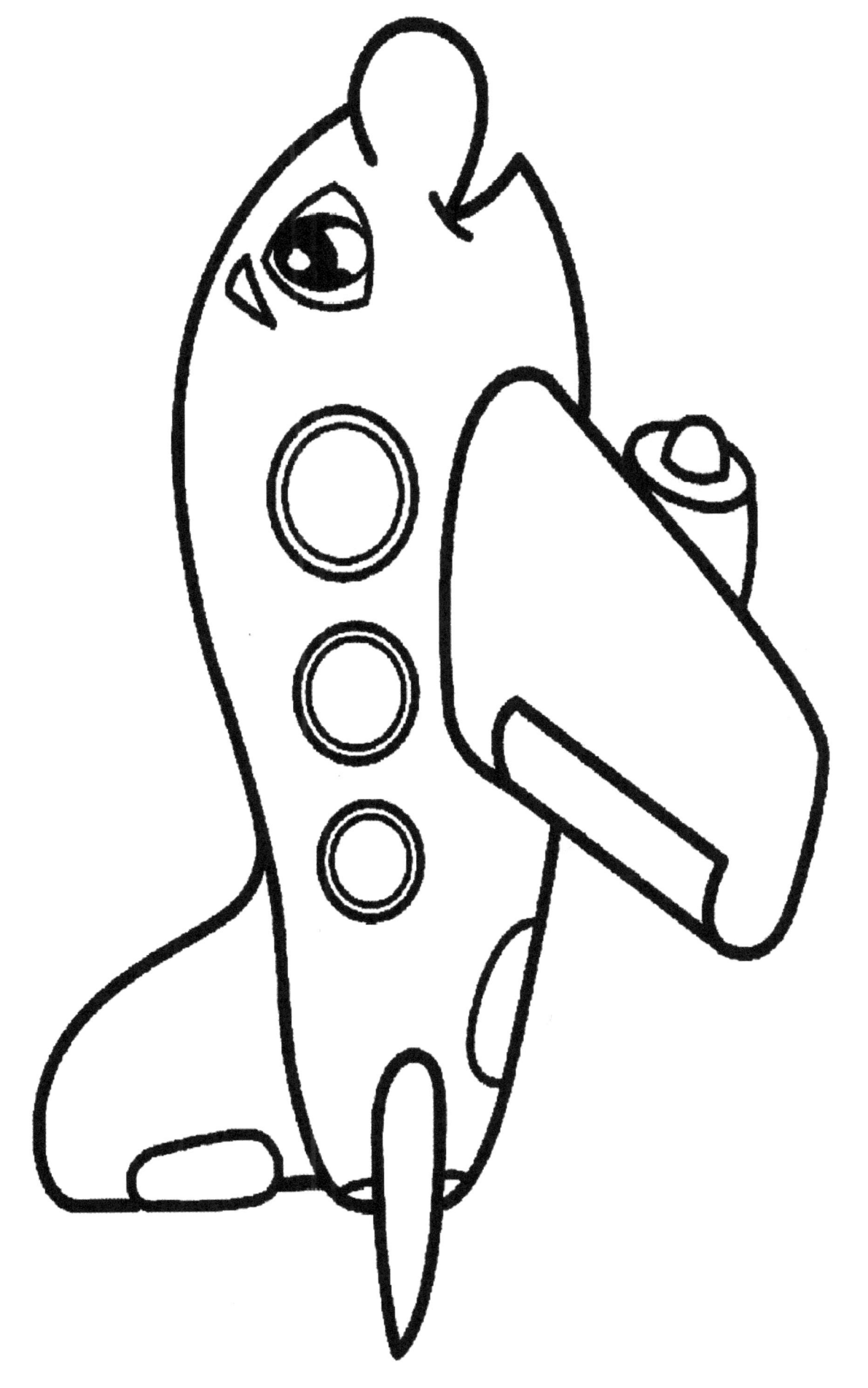

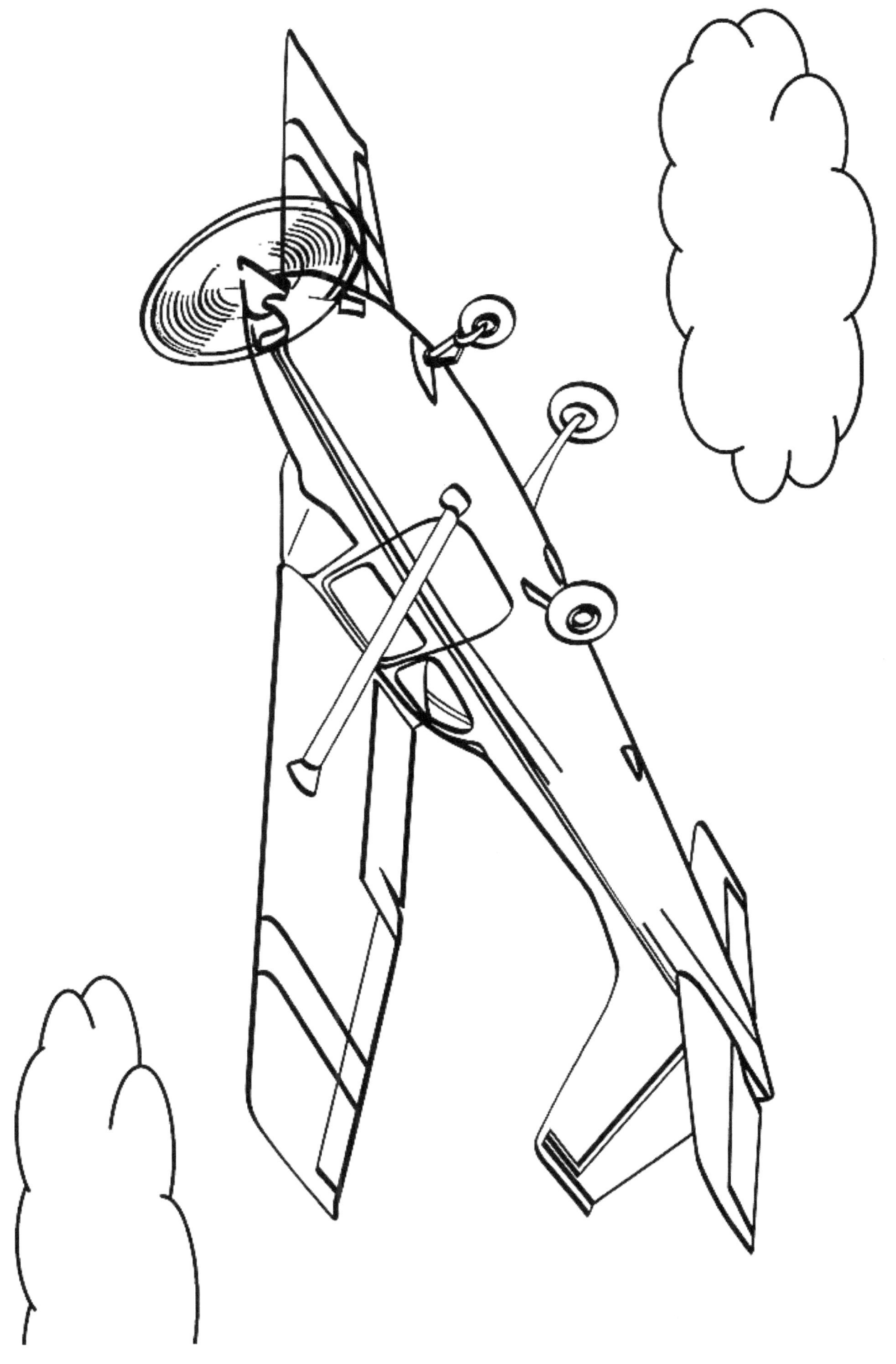

# Merci d'avoir choisi ce livre de coloriage.

J'espère que vos enfants ont pris autant de plaisir à colorier dans ce livre que j'en ai eu à le créer.

Vos commentaires sont très importants pour moi.

Si vous avez rencontré un quelconque problème avec votre livre, tel qu'une erreur d'impression, une reliure défectueuse, un saignement du papier ou tout autre problème, n'hésitez pas à me contacter à l'adresse suivante :

 happybooksforall@gmail.com

 /happybooksforall

 /happy.bookss

Si vous avez apprécié ce livre, pensez à laisser un commentaire sur le site Web. Cela ne prend que quelques minutes, mais ce sera très apprécié. Les critiques sont une excellente chose pour les petites entreprises comme la nôtre - elles sont le meilleur moyen de faire connaître le livre et votre opinion à d'autres clients potentiels. Nous vous encourageons à ne pas hésiter à ajouter des photos de l'intérieur et de la couverture de ce livre dans votre critique.

*Merci encore d'avoir choisi ce livre.*

© **Copyright 2021 - Tous droits réservés.**

Vous ne pouvez pas reproduire, dupliquer ou envoyer le contenu de ce livre sans l'autorisation écrite directe de l'auteur. Vous ne pouvez en aucun cas mettre en cause l'éditeur ou le tenir pour responsable d'une quelconque réparation, compensation ou perte financière due aux informations contenues dans ce livre, que ce soit de manière directe ou indirecte.

Avis juridique : Ce livre est protégé par le droit d'auteur. Vous pouvez utiliser ce livre à des fins personnelles. Vous ne devez pas vendre, utiliser, modifier, distribuer, citer, prendre des extraits ou paraphraser en partie ou en totalité le matériel contenu dans ce livre sans avoir obtenu au préalable l'autorisation de l'auteur.

Avis de non-responsabilité : Vous devez prendre note que les informations contenues dans ce document sont destinées à une lecture occasionnelle et à des fins de divertissement uniquement.
Nous avons fait tout notre possible pour fournir des informations exactes, à jour et fiables. Nous n'exprimons ni n'impliquons aucune garantie d'aucune sorte. Les personnes qui lisent admettent que l'auteur n'est pas occupé à donner des conseils juridiques, financiers, médicaux ou autres. Nous avons mis le contenu de ce livre en sourçant divers endroits.

Veuillez consulter un professionnel agréé avant d'essayer les techniques présentées dans ce livre. En parcourant ce document, l'amateur de livres accepte que l'auteur ne soit en aucun cas responsable de tout préjudice, direct ou indirect, qu'il pourrait subir en raison de l'utilisation du matériel contenu dans ce document, y compris, mais sans s'y limiter, les erreurs, les omissions ou les inexactitudes.

www.ingramcontent.com/pod-product-compliance
Lightning Source LLC
LaVergne TN
LVHW060212080526
838202LV00052B/4257